Dividir es morir,
perdonar es vivir

(English version starts on page 83)

a la DIVISIÓN

Dr. Silvano Espíndola

La misión de Editorial Vida es proporcionar los recursos necesarios a fin de alcanzar a las personas para Jesucristo y ayudarlas a crecer en su fe.

©2005 Editorial Vida
Miami, Florida

Traducción / Translation: *Mary Barnett*

Edición/ Edition: *Anna M. Sarduy / Candi Calkins*

Diseño interior/ Interior design: *Good Idea Productions Inc.*

Diseño de cubierta / Cover design: *Good Idea Productions Inc.*

Derechos reservados / All rights reserved

ISBN: 0-8297-4734-6

Categoría / Category: Vida cristiana / Christian life
                            Familia / Family

Impreso en Colombia
Printed in Colombia

05 06 07 08 09 ❖ 8 7 6 5 4 3 2 1

Índice

Capítulo 1
Jesús nunca malgastó su tiempo ni sus palabras 11

Capítulo 2
Sin unidad no hay bendición 13

Capítulo 3
El hombre fue creado para vivir en unidad
y armonía con Dios 17

Capítulo 4
Dios es terminante, serio y fuerte en este tema 41

Capítulo 5
Jesús murió para restablecer la unidad 53

Dedicatoria

A mi esposa Patricia, y a mis cinco bellos hijos:
David, Pablo, Marcos, Silvana y Timoteo,
lo más hermoso que Dios me ha dado,
con quienes disfruto de un hogar unido,
cálido y lleno de amor.

Agradecimientos

Al Señor por usarme.

A mi pastor Darío Silva-Silva, porque él es para mí una inspiración.

A mi amigo Esteban Fernández,
por motivarme a dar algo de lo mucho que Dios me dio.

A todo los que han aportado a mi formación.

Divide y reinarás

Divide y reinarás dice un triste y peligroso adagio, triste porque es mentira y alguien puede llegar a creerlo, *y si alguien cree mentiras, vivirá mentiras, y por ende su vida será un desperdicio*, y lo catalogo de peligroso, porque es destructivo, porque nadie divide para reinar, ya que el que divide lo hace para sufrir, aunque no lo sepa.

Digo peligroso y destructivo porque no existe otra cosa que pueda producir tanto dolor, tantas heridas, tanta amargura, tanto resentimiento y destrucción en familias, amistades y relaciones de cualquier tipo.

Creo que es hora de decirle *Stop a la división*. No sé qué es lo que tú piensas, pero, creo que estarás de acuerdo conmigo, en que no es normal que: las familias, los hermanos, los amigos, las iglesias, los barrios, los países, etc., vivan en discordia, distanciados y con sus relaciones rotas. Es más, en muchos casos no se quieren ni ver, ¡umm! creo que eso no es normal.

Stop... es una invitación a parar un poco el ritmo alocado de tu vida, pensar, analizar, reflexionar, si quizás cada día que pasas sin disfrutar del familiar distanciado, del hermano herido o de la amistad rota por peleas o por discordias ¿no es un día perdido? Créeme, hay otra clase de vida reservada para ti y tu familia donde puedes disfrutar de las cosas buenas y excelentes que producen el acuerdo y la unidad.

Te preguntarás qué me motiva a escribir sobre la división. LLevo años viendo los estragos de la división en el seno de las familias y las amistades. Años tratando a muchas familias destruidas, separadas, en las que algunos de sus integrantes no se hablan. *(Y habrás notado que donde hay dos peleados en una familia, no sufren esos dos solamente, sino todos)*, porque algo desagradable sucedió y nunca hubo reconciliación, nunca hubo perdón.

Respecto a esto último deseo que lo entiendas y es súper importante que lo hagas rápido, porque en este tema, el tiempo no sana ni arregla nada, solo profundiza el dolor y las heridas, aumenta las distancias, no trae ni olvido ni alivio, solo endurece más y más los corazones, enfriándolos y llevándolos al peligroso punto de no retorno, de creer la mentira de que ya no hay solución.

También me motiva a escribir sobre este tema el dolor de muchos padres que llevan años sin hablar con alguno de sus hijos por situaciones que pasaron hace mucho, mucho, mucho tiempo. *¡Ey! papá, ¿no crees que ya es hora de reconciliar? ¿Para qué perder más tiempo? ¿Por qué no disfrutar del amor y de la compañía de tus hijos? ¡Ey! hijo, ¿Qué estás esperando para correr y decirle a tus papás cuánto los amas y darle el abrazo de tu vida?*

También me lleva a escribir, las lágrimas de aquellos que por el fallecimiento del familiar o amigo en discordia, ya no podrán darle un abrazo reconciliador, ni una palabra de perdón y ahora se están dando cuenta de tanto tiempo perdido y que ya, desgraciadamente, no se puede hacer nada.

Por último, me motiva a escribir sobre este tema, el punto de vista de Dios y su Palabra, porque te sorprenderás al ver la claridad, lo contundente, lo actual, lo vivencial y diario que es. Y seguro que estaremos de acuerdo, mucho antes del final de este corto libro, de lo urgente, necesario y vital que es para nosotros conocerlo.

¡Cuántos buenos momentos robados por la división! ¡Cuántas rupturas de buenas relaciones! ¡Cuántas peleas! ¡Cuántos matrimonios y familias en destrucción! ¡Cuánta gente dándole la razón al famoso dicho! *¡Nadie sabe lo que tiene hasta que lo pierde!*

Creo que si la frase *divide y reinarás* llevase el nombre del autor, no nos extrañaría que dijera: A*tentamente, El diablo.*

Que sean uno

Cuánto más leo, investigo y profundizo lo que gente muy inteligente ha escrito sobre este tema, me quedo con la petición que el Señor Jesús le hizo a su Padre en su famosa oración sacerdotal, en la cual no solo incluyó a sus discípulos, sino a todo el mundo, entre ellos, especialmente, a ti y a mí.

Para que todos sean uno ... Yo les he dado la gloria que me diste, para que sean uno, así como nosotros somos uno: yo en ellos y tú en mí. Permite que alcancen la perfección en la unidad. Juan 17:21-23

Padre ... que sean uno ... permite que alcancen la perfección en la unidad ¡guau! ¿No te parece increíble esta petición? Si aún no te parece tan ¡guau!, regálame unos minutos para que juntos lleguemos a la conclusión que no solamente es increíble sino que también es necesaria, urgente, vital e importantísima.

—*¡Espera, Silvano!, ¿Realmente crees que esta petición es así de importante? porque yo aún no lo veo así.*

—Ya te dije, dame unos minutos y déjame que a través de unos sencillos puntos te lo muestre, vas a ver que es fácil de entender y seguro que cuando lo captes, vas a querer hacer algo al respecto con extrema urgencia.

—*Pero...*

—¡Para!, ya te lo dije, tenme un poquito de paciencia, que acá va el primer punto.

Capítulo 1

Jesús nunca malgastó su tiempo ni sus palabras

Qué harías si te dicen: Tienes tres años para desarrollar una doctrina a través de tus palabras y acciones, que guiará a millones de personas desde el día que mueras en adelante. ¡Qué responsabilidad!

Tendrías que pensar muy bien cada acción y cada palabra.

Esta clase de pensamientos son los que me llevaron a profundizar y ver lo importante de esta petición, porque Jesús se encontraba en uno de los momentos clave de su vida y de su ministerio aquí en la tierra, sabía que no le quedaba mucho tiempo, y creo que él tenía súper claro que esta oración sería analizada por millones y considerada como, quizás, la oración mas importante de su ministerio y de su vida.

Él podía haber pedido cualquier cosa

Estoy convencido que Jesús debe haber pensado muy bien antes de pedirle al Padre Celestial, creo que habrá hecho un análisis a fondo de la problemática de la humanidad, de las fortalezas y debilidades de su creación. Él vio y experimentó en carne propia cómo viven los hombres, sus luchas, sus necesidades más profundas y con toda seguridad, creo que no le fue difícil llegar a esta petición: *Padre guárdalos, límpialos y protégelos, para que sean uno.* ¡Ey, esto es muy serio! Piensa en esto: *¡Él podía haber pedido cualquier cosa!*

¿Qué hubieras pedido tú? También puedes hacer un análisis del mundo que te rodea utilizando la estrategia caracol, o sea, tú mismo, tu familia, tu parentela, tus vecinos, tus amigos, tu ciudad, tu país, el mundo; ver cómo viven y qué es lo más necesitan.

Estoy seguro que si hicieras un análisis serio y responsable llegarías a la misma petición del Señor Jesús: *Unidad.*

Profundicemos:

- *Jesús podía haber pedido*: Que sean poderosos. ¡Umm! Poder sin unidad = Guerras.
  (Cualquier parecido con la realidad no es mera coincidencia).
- *Jesús podía haber pedido*: *Que sean ricos.* Seguro que nuestra naturaleza avara y codiciosa diría: «*Uyyy, buenísimo*» ¿Por qué no lo pidió? Se me arreglarían un montón de problemas. *¡Umm! Dinero sin unidad = Egoísmo, envidia, soledad.*
- *Jesús podía haber pedido*: *Que sean muchos, que sean bondadosos, agradecidos, amorosos. Que sean fieles y muchas otras cosas.* Pero nada de esto prospera, ni se da donde hay relaciones rotas, resentimientos, discordias, divisiones. *Nada florece donde no hay unidad.*
- *Jesús podía haber pedido cualquier cosa. Pero él sólo dijo:* ¡Padre, que sean uno! ¡Que tengan unidad! ¡Que no vivan peleados! ¡Que no se dividan! ¡Que no le den cabida a la enemistad! ¡Que no le den oportunidad al diablo!

Señor Jesús, tú eres muy ilógico para nosotros o, definitivamente, sabías lo que pedías y no desperdiciaste tus palabras ni tu tiempo

Capítulo 2

Sin unidad no hay bendición

Me impresiona la puntualidad y certeza de lo que Dios dice en su Palabra, hasta el punto de que es imposible pasarla por alto en cualquier tema que toquemos, por ejemplo, mira conmigo lo claro que habla en el Salmo 133 acerca de la división y especialmente de la unidad. Veamos.

> *¡Cuán bueno y cuán agradable es que los hermanos convivan en armonía! Es como el buen aceite que, desde la cabeza, va descendiendo por la barba, por la barba de Aarón, hasta el borde de sus vestiduras. Es como el rocío de Hermón que va descendiendo sobre los montes de Sión. Donde se da esta armonía, el Señor concede bendición y vida eterna.*

Aquí Dios nos presenta algo que no podemos pasar por alto, primero, porque es su Palabra; segundo, porque es tan real, tan diario, tan preciso, tan cercano a nosotros, tan tuyo, tan mío.

Este es un pasaje que, sí o sí, hay que analizarlo, y no solo por el lado positivo, sino también por el negativo.

Notemos en el versículo 1: «*Cuán bueno... cuán agradable*», al ser repetitivo habla de algo realmente muy bueno, habla de calidad de vida, y eso es muy difícil de expresar con una sola palabra. ¿Y qué es eso tan, pero tan bueno y agradable? «*Que los hermanos convivan en armonía*», que vivan en acuerdo, en unidad, que no vivan peleados.

Luego aparece una ilustrativa comparación para hacer más fácil su entendimiento y cierra, este corto, pero tremendo Salmo, con una frase matadora: «*Dónde se da esta armonía, el Señor concede bendición y vida eterna*».

O sea que no solo es increíblemente bueno y agradable que haya y se viva en armonía y unidad, sino que cuando esta se da en cualquier lado que sea, Dios derrama bendición y vida eterna: ¡Atención! solo donde se da esta armonía.

Esto último nos abre la puerta para echarle un vistazo a este pasaje por el lado negativo.

Diría algo así: «*Cuán malo y cuán desagradable es que los hermanos convivan, habiten, compartan un espacio en división, discordias y desacuerdos. Donde se da esta división, discordia y desacuerdo, el Señor no concede ninguna bendición, ni nada*»; por ponerlo de una manera suave.

Desgraciadamente son muchísimos más los que viven en división, en distanciamientos desagradables, en peleas, en disensiones, que los que viven en unidad y armonía.

Es triste tener que reconocer que para algunos el vivir en desacuerdos y distanciados emocional, física y familiarmente se ha vuelto como «algo normal». ¿No crees, que ya es tiempo de decirle *Stop a la división*, empezar el acercamiento y darle así al Señor la posibilidad de conceder esa bendición que tanto anhelamos?

Hay otro pasaje, que nos muestra al Salmo 133 funcionando en medio de la vida diaria de las personas, es el siguiente:

> *Todos los creyentes eran de un solo sentir y pensar. Nadie consideraba suya ninguna de sus posesiones, sino que las compartían. Los apóstoles, a su vez, con gran poder seguían dando testimonio de la resurrección del Señor Jesús. La gracia de Dios se derramaba abundantemente sobre todos ellos, pues no había ningún necesitado en la comunidad. Quienes poseían casas o terrenos los vendían, llevaban el dinero de las ventas y lo entregaban a los apóstoles para que se distribuyera a cada uno según su necesidad.* Hechos 4:32-35

Aquí vemos a los primeros creyentes moverse en una fuerte y especial unidad, por ende la bendición de Dios estaba ahí, también, de una manera especial y fuerte, tocando las dos áreas de las personas: *interior y exterior;* bendición espiritual y bendición material.

Bendición espiritual: había poder, sanidades, ausencia de temor, señales y prodigios, gracia abundante.

Bendición material: era total, no había ningún necesitado entre ellos.

Definitivamente esto es muy serio y es importante que empieces a creerlo: *Donde hay unidad hay bendición.* Creo que la bendición que llega es directamente proporcional a la unidad que haya; y así mismo *donde no hay unidad no hay bendición*, ya que la maldición, también, es proporcional a la división.

Cada vez me convenzo más, que el Señor Jesús sabía exactamente lo que pedía con ese certero: *Padre, que sean uno.*

Capítulo 3

El hombre fue creado para vivir en unidad y armonía con Dios

Todo análisis serio de temas importantes acerca de aspectos fundamentales de la vida del hombre, necesariamente nos obliga a dirigir nuestras miradas hacia la vida de Adán y Eva, por la sencilla razón, de que ahí se encuentra la raíz del género humano. Hay que mirar, sobre todo cómo era su vida antes del pecado.

Se conoce poco y se habla menos de la vida de Adán y Eva antes de la caída, todos se centran en el después de la caída, por la justa razón de que todo lo que se ha vivido en el mundo hasta el día de hoy tiene su conexión directa con ese suceso y la posterior promesa de redención cumplida en la vida, muerte y resurrección de Jesucristo.

Pero no nos hemos percatado de que las *promesas de una vida diferente y abundante*, que se desprenden al recibir en nosotros mismos al autor de la redención, *son un reflejo de lo que era la vida de Adán y Eva antes de la caída.*

Te invito a que en los próximos minutos analicemos juntos la vida en el Edén antes de la caída. Te aseguro dos cosas:

Una: Que te sorprenderás al ver cómo la vida nueva que hay en Jesucristo, después de recibir en él y por él, el perdón de nuestros pecados, es un paralelo exacto con la vida de Adán y Eva antes de la desobediencia.

Dos: Descubrirás lo detallista que es el Dios que te ama.

¿Estás listo para el viaje hacia la creación? Espero que hayas traído el morral lleno de imaginación para que lo disfrutemos a fondo. ¡Vámonos!

1ro. Un ser único y especial

> *Y Dios creó al ser humano a su imagen; lo creó a imagen de Dios. Hombre y mujer los creó.*
> Génesis 1:27

Deseo que cada una de las definiciones que vienen a continuación las recibas de manera personal, porque directa o indirectamente, están hablando de ti, estoy hablando de ti, está hablando de mí, me está hablando a mí.

No hay ninguna duda de que el punto máximo de la creación es el hombre, el único ser creado a imagen y semejanza de Dios. (*A imagen y semejanza, no igual; a imagen, o sea, un reflejo, debemos reflejar a Dios. A semejanza, se parece, pero no es.*)

Un ser único. En el versículo 7 del capítulo 2 encontramos el complemento en la creación del hombre: «Y sopló en su nariz hálito de vida». El hombre es el único ser espiritual, el único que puede y debe comunicarse con Dios (necesariamente *tenemos que ser espirituales*), ¿puedes ver lo que yo estoy viendo? ¡Sí! ¡Somos especiales! Y así debemos vernos, así debemos vivir.

(Al entender esto, me pregunto: ¿dónde queda espacio en nuestras vidas para la baja estima o el complejo de inferioridad?)

Sin dudas Adán y Eva tenían una identidad correcta, basada en la Palabra de Dios.

A través de Jesucristo se restaura la correcta identidad del Edén y se nos da la posibilidad de vivir con una fuerte estima personal, que no necesita estar basada en lo que tenemos, ni en lo que otros pueden decir, sino en lo que Dios dice que somos.

2do. Bendición

> *Y los bendijo con estas palabras: «Sean fructíferos y multiplíquense».* Génesis 1:28a

La vida en el Edén llevaba el signo de la bendición, Dios los había bendecido cancelando toda esterilidad en sus vidas.

Soy padre de cinco hermosos hijos, David, Pablo, Marco, Silvana de 13, 12, 7 y 5 años respectivamente y el nuevo heredero Timoteo, con 3 meses, al momento de publicar este ensayo.

Mi esposa Patricia y yo hemos visto la realidad del *Salmo 127:3-5* en nuestras vidas, donde Dios dice la verdad acerca de los hijos...

- *Los hijos son una herencia del Señor* (no son casualidad). *Los frutos del vientre son una recompensa* (no son un castigo).
- *Como flechas en las manos del guerrero son los hijos de la juventud.*
- *Dichosos* (no dice infelices o poco afortunados) *los que llenan su aljaba con esta clase de flechas. No serán avergonzados por sus enemigos cuando litiguen con ellos en los tribunales.*

La verdad es que no se le pueden agregar muchos comentarios a tan clara definición, solo una reflexión personal: Los hijos vengan de donde vengan, *son un regalo de Dios, con esto no quiero decir que estoy en contra de la planificación responsable y que pienses: «Bueno, a partir de hoy a tener hijos irresponsablemente. Ese no es el punto».* Digo esto porque no son pocos los que, como padres, creen lo contrario; y, como hijos, se sienten menos porque piensan que son un accidente de sus padres. Eres una bendición, eso es lo que dice Dios, o sea, esa es la verdad. Si te queda alguna duda, te recomiendo leer *Una vida con propósito* de Rick Warren.

3RO. AUTORIDAD

Llenen la tierra y sométanla; dominen a los peces del mar y a las aves del cielo, y a todos los reptiles que se arrastran por el suelo». Génesis 1:28b

Adán y Eva tenían autoridad delegada por Dios. Esta autoridad perdida en la caída del hombre, es restaurada por Jesucristo, el cual la extiende en su nombre, aun en el área espiritual, como queda clara y equilibradamente expresado en el evangelio

Cuando los setenta y dos regresaron, dijeron contentos: Señor, hasta los demonios se nos someten en tu nombre. Yo veía a Satanás caer del cielo como un rayo — respondió él—.

Si, les he dado autoridad a ustedes para pisotear

serpientes y escorpiones y vencer todo el poder del enemigo; nada les podrá hacer daño. Sin embargo, no se alegren de que puedan someter a los espíritus, sino alégrense de que sus nombres están escritos en el cielo. Lucas 10:17-20

Me imagino a los discípulos llegar adonde estaba Jesús, emocionados, con el corazón a mil:

—*Señor, por favor siéntate ¡porque no vas a creer lo que nos pasó! Imagínate que aun los demonios se nos sometieron en tu nombre.*

—*¡¿Cómo?! ¡No puedo creerlo!*

¿Crees que esa puede haber sido la respuesta del Señor? Yo creo que la respuesta del Señor debe haber sido:

— *Sí, muchachos, eso era obvio, para eso les di autoridad.*

De todas maneras el Señor les confirma su autoridad pero también los ubica:

«Es *normal que los demonios se les sometan en mi nombre, pero no se dejen deslumbrar por eso, ni vayan a hacer de ese evento el objetivo de sus vidas, ni la causa de su gozo, yo les doy un motivo permanente de alegría, que no depende de ningún resultado espiritual ni material. Alégrense de que sus nombres están escritos en el cielo.*

Al hablar de autoridad recuerdo la historia de un pequeño amigo (lo de pequeño es por su estatura). Cuando ingresó a la policía hizo todos los cursos, y cierto día le pusieron por primera vez el uniforme, le dieron un bolillo, un silbato y las instrucciones, las cuales le produjeron pavor al escucharlas.

—Vaya al cruce de las avenidas 12 con 46, que se descompusieron los semáforos, y póngale orden al tráfico.

—Pero, yo no puedo hacerlo, no me van a obedecer. (*Identidad equivocada.*)

—Usted solo vaya, párese en la mitad de la calle, levante su mano cuando quiera que paren y toque duro el silbato.

—Pero...

— ¡No más! Váyase.

Fue, se paró, tal cual le dijeron, justo en el momento que venía de frente un camión inmenso, el levantó la mano, se puso el silbato en la boca, sopló, se tapó los ojos y se despidió de esta cruel vida. Acto seguido, escuchó chillidos de ruedas al frenar bruscamente y luego silencio; de a poco se fue quitando la mano de los ojos para ver si ya estaba en el cielo, cuando, para sorpresa suya, no solo el camión había parado, sino todos los carros y nadie se movía. Cuando se percató de que estaban esperando su nueva orden, lo hizo y, al ver la reacción de todos, se fue animando y terminó su día con un gozo difícil de superar.

Al regresar a su casa y encontrarse con su esposa le dijo: ¡*Siéntate porque no vas a creer lo que me pasó!*, y le contó todo; aún no conforme con eso, motivado por su emoción y por lo sucedido, tomó su silbato, agarró la mano de su esposa y se la llevó a la misma esquina, donde para esta hora los semáforos habían sido ya arreglados, la paró en una buena ubicación para que no se perdiera detalle de semejante proeza a realizar.

Al acercarse el primer camión, él miró de reojo a su esposa, la que lo seguía con creciente nerviosismo, que motivó aun más a mi pequeño amigo, quien con exagerada pose levantó su mano de frente al camión, que venía con el semáforo en verde a su favor, y sopló el silbato lo más fuerte posible, a lo cual no se escuchó ninguna frenada apresurada, sino el grito de su esposa; y, si no hubiera sido por su gran agilidad, no habría podido hacerse a un lado rápidamente para solo recibir un roce y unos cuantos insultos de parte del camionero.

Golpeado en su cuerpo y en su orgullo regresó en silencio a su casa, acompañado por la mirada incrédula de su esposa, que aún no daba crédito a lo que acababa de presenciar.

Al otro día, al ser interrogado por sus compañeros por la razón de sus inocultables moretones, él les contó lo sucedido y no les ocultó su ignorancia acerca de que era lo que había hecho mal, cuando solo había repetido la misma operación de aquella mañana, pero con resultado diferente.

Sus compañeros no podían creer lo que habían escuchado y movidos por misericordia, lo ubicaron, *lo mismo que el Señor Jesús a sus discípulos:* «No es el silbato, ni eres tú, es el uniforme el que te da la autoridad».

No somos nosotros, ni lo que podamos decir, ni lo fuerte que lo hagamos o digamos; es tener encima el uniforme espiritual, o sea, al Señor Jesucristo viviendo en nuestros corazones, porque él es el portador y dador de toda autoridad.

Nunca te olvides de la casi fatídica historia de mi pequeño amigo y de que Jesucristo restaura la autoridad dada al hombre en el Edén.

4to. Provisión

> *También les dijo: «Yo les doy de la tierra todas las plantas que producen semilla y todos los árboles que dan fruto con semilla; todo esto les servirá de alimento.* Génesis 1:29

Algo que sin dudas no quitaba el sueño en el Edén era la comida, ya que esta era provista por Dios. La provisión era parte de la vida de Adán y Eva antes de la caída. Era obvio que la bendición de la vida preparada por Dios para su creación estaba basada en su sostén. Dios no creó al hombre y lo soltó en la tierra con una palmadita en la espalda y un fraternal y mundano: «Suerte, trata de hacer lo posible por subsistir».

El que piense que Dios dejó al hombre librado al azar en el mundo, realmente no conoce a Dios, no conoce de su amor, su bondad y su fidelidad.

A lo largo de toda la Palabra, Dios ha mostrado su amor, fidelidad y provisión a su, muchas veces desconsiderado, ingrato y quejoso pueblo.

Toma nota de algunos casos puntuales:
- El maná, pan del cielo
- El agua brotando de la roca
- Las codornices, para saturar a un pueblo ávido de carne
- El aceite a la viuda
- Los cuervos que trajeron alimento al profeta Elías

Y en medio de instrucciones acerca de cómo orar, Jesús les dice a sus discípulos en

Mateo 6:8: «No sean como ellos, porque su Padre sabe lo que ustedes necesitan *antes* de que se lo pidan».

> *Y en Mateo 6: 31-32 dice: «Así que no se preocupen diciendo: "¿Qué comeremos?" o "¿Qué beberemos?" o "¿Con qué nos vestiremos?" Porque los paganos andan tras todas estas cosas, y el Padre celestial sabe que ustedes las necesitan».*

Quiero que notes en los dos pasajes del Evangelio de Mateo, que

El hombre fue creado para vivir en unidad y armonía con Dios

la referencia hacia Dios, no es: «El Señor, ni el Todopoderoso, ni el Altísimo»; sino que se identifica como el Padre celestial.

Dios asume todas las responsabilidades de Padre, y estas involucran la provisión. Lo menos que tiene que hacer cualquier papá es proveer lo básico para sus hijos: comida, bebida y vestido.

Y como si esto fuera poco rubrica todo con una promesa tremenda en *Filipenses 4:10:*

«Así que mi Dios les proveerá de todo lo que necesiten, conforme a las gloriosas riquezas que tiene en Cristo Jesús».

Aquí queda restaurada en Cristo Jesús *la provisión de Dios* para sus hijos, tal cual era en el Edén antes de la caída.

5to. Excelencia

> *Dios el Señor plantó un jardín al oriente del Edén, y allí puso al hombre que había formado. Dios el Señor hizo que creciera toda clase de árboles hermosos, los cuales daban frutos buenos y apetecibles. En medio del jardín hizo crecer el árbol de la vida y también el árbol del conocimiento del bien y del mal. Del Edén nacía un río que regaba el jardín, y que desde allí se dividía en cuatro ríos menores. El primero se llamaba Pisón, y recorría toda la región de Javilá, donde había oro. El oro de esa región era fino, y también había allí resina muy buena y piedra de ónice.*
> Génesis 2:8-12

Este punto me fascina porque denota una característica maravillosa de Dios, que todos sus hijos debemos tener muy clara, y que debemos, necesariamente, meter de lleno en nuestras vidas: *La excelencia.*

Dios es un Dios de excelencia, no es mediocre: *¿Recuerdas el punto de que somos especiales, hechos a imagen y semejanza de Dios?* Eso nos da pie para cerrarle todas las puertas a la mediocridad en nuestras vidas.

Particularmente detesto la mediocridad, sufro cuando no salen las cosas con excelencia, vivo pidiéndole a Dios: *Señor no me permitas ser chambón (quiere decir en una de sus acepciones, mediocre);* porque, no lo podemos negar, al menos los latinos tenemos fuertes tendencias a la chambonería. Admiro cómo hacen las cosas nuestros hermanos anglosajones: Son excelentes, no escatiman esfuerzos, ni recursos para la obra de Dios.

Sin embargo, gran parte de los latinos, en lugar de tratar de imitarlos, se han dedicado a criticarlos. Eso es mediocridad, pues *debemos examinarlo todo y retener lo bueno.*

Dios desde el Edén envía un mensaje a toda la humanidad: M*e gusta lo excelente y he preparado para mis hijos lo mejor, porque yo he dado lo mejor para ellos: he dado a mi Hijo Jesucristo.*

La excelencia se mueve en el orden, la diligencia, la puntualidad, la presentación personal y el buen gusto.

Dios creó el Edén para el hombre y le puso lo mejor, lo hermoso, lo apetecible, lo valioso y lo fino.

Dios no creó el Edén para él, ni creó al hombre para el Jardín, él lo hizo pensando en bendecir al hombre, quería que se acostumbrara a lo excelente: *¿No te parece hermoso y detallista el Señor para con nosotros?*

Y ahora lo absurdo: El hombre deshecha el Edén y se inventa su propio paraíso en el desierto, porque después de la caída allí es donde va a vivir.

En Jesucristo Dios restaura la excelencia en la creación, esto queda claramente declarado por el mismo Señor Jesús:

> *Yo he venido para que tengan vida, y la tengan en abundancia.* Juan 10:10b

6to. Trabajo

> *Dios el Señor tomó al hombre y lo puso en el jardín del Edén para que lo cultivara y lo cuidara.* Génesis 2:15

Dios, desde el momento mismo de la creación, se pronuncia en contra de la ociosidad y la vagancia, como siempre digo, este rubro abarca a *personas con fuertes tendencias al descanso.*

Dios avala el trabajo, y nuestra posición es la siguiente:

• *No a la teología de la prosperidad*:

Ese cuento de que: «Venga a Cristo y reciba casa, carro y beca» o «declárelo y recíbalo», no es tan así. Sí creo que Dios prospera, pero eso es fruto de la obediencia a él, y no de una declaración prefabricada. Definitivamente no comparto el cristianismo sin demanda, no creo en cosas como: «Venga reciba, reciba, reciba y reciba y no dé nada y no comprometa su vida con el Señor Jesús, que no solo comprometió su vida, sino que la dio».

- No a la teología de la miseria:

No creemos que para agradar a Dios tenemos que ser bien pobres y miserables. Por mucho tiempo se ha relacionado, equivocadamente, a la pobreza como sinónimo de humildad y a la riqueza como sinónimo de altivez.

También es erróneo pensar que si alguien es pobre es porque ha sido desobediente o pecador o porque Dios está enojado con él, o porque no es espiritual.

La pobreza no es pecado, aunque a veces es consecuencia del mismo. Hay que entender que aquí el punto no es si uno es o no es pobre, sino, que hay una franja un poco extraña, que quiere que la gente crea, que para agradar a Dios hay que ser bien miserable y si es posible oler a santidad, o sea, no bañarse.

- *Sí a la ética protestante del trabajo*, de Max Weber

Que sencillamente dice: «Que Dios bendice el trabajo de nuestras manos».

Hay que trabajar, porque a Dios le agrada vernos hacerlo.

Dios es un Dios que trabaja.

— *¿Cómo así, Silvano? Explícame un poquito mejor este punto.*

En la Biblia, en el Evangelio de Juan 5:17 dice: «Pero Jesús les respondía: Mi Padre aun hoy está trabajando, y yo también trabajo».

Este tema del trabajo vale la pena analizarlo un poco más a fondo, porque creo que en este punto es donde menos dejamos a Dios que se meta en nuestra vida.

A un muchacho cristiano, compañero mío de fútbol profesional, en medio de un partido le hice un reclamo porque estaba pegando patadas tremenda e insultaba a todo el mundo. Le dije:

—¡Ey!, fulano, tranquilízate un poco, porque no estás dando un buen testimonio, sino unas buenas patadas

A lo que me respondió:

—Olvídalo hermano, al Señor yo lo dejo en el vestuario.

La verdad no fui capaz de decirle nada más.

El trabajo hoy en día ocupa en la escala de prioridades un lugar peligroso, porque en muchos casos ha desplazado a Dios, y eso sí que es peligroso, porque todo proviene de él, y porque en muchísimos otros ha desplazado a su cónyuge e hijos.

También es peligroso porque en él se mezclan *necesidad y codicia*.

—Entonces, Silvano, tú me estás insinuando que yo debo trabajar. ¿Pero poquito?

—No, yo no te estoy insinuando nada, solo estoy puntualizando algunas conclusiones que saqué después de revisar las Escrituras acerca de este candente e interesante tema, por ejemplo:

(1) El trabajo no es un castigo

Al hombre le dijo: «Por cuanto le hiciste caso a tu mujer, y comiste del árbol del que te prohibí comer, ¡maldita será la tierra por tu culpa! Con penosos trabajos comerás de ella todos los días de tu vida. La tierra te producirá cardos y espinas, y comerás hierbas silvestres. Te ganarás el pan con el sudor de tu frente, hasta que vuelvas a la misma tierra de la cual fuiste sacado. Porque polvo eres y al polvo volverás». Génesis 3:17-19

El trabajo es una bendición, aquellos que lo tildan como un castigo están equivocados, porque sencillamente creen que es consecuencia de la caída, y no se han dado cuenta que antes de la caída el trabajo ya existía. *Adán y Eva trabajaban.*

Dios el Señor tomó al hombre y lo puso en el jardín del Edén para que lo cultivara y lo cuidara. Génesis 2: 15

Lo que ciertamente ha cambiado son las condiciones.

No era lo mismo trabajar en el Edén bajo la bendición de Dios, que trabajar en el desierto donde había mucho esfuerzo y poco fruto. La tierra fue maldita, no el trabajo.

Hoy sigue siendo igual, el trabajo bendecido por Dios rinde mucho más que aquel que no lleva su bendición.

El hombre fue creado para vivir en unidad y armonía con Dios

(2) Hay una manera de trabajar que Dios bendice y otra que no

a) Dios no bendice el trabajar más de la cuenta

> *Durante seis días se podrá trabajar, pero el día séptimo, el sábado, será de reposo consagrado al Señor. Quién haga algún trabajo en sábado será condenado a muerte.* Éxodo 31:15

En los últimos tiempos, la adicción que más ha ganado lugar entre las personas es el trabajo. Ya la gente no trabaja para vivir y disfrutar, ahora parece que vive para trabajar.

Vivimos rodeados por «laboradictos», que no pueden ir a la iglesia porque tienen que trabajar, o porque el domingo es el único día que tienen para descansar y ver a sus hijos.

¡*Ey, no te equivoques, el domingo no es el día de descanso: es el día del Señor!*

Trabajar es una bendición, pero, si por culpa de tu adicción al mismo pierdes a tu familia, me parece que te está pasando lo que a Esaú, que le vendió a su hermano Jacob lo mejor que tenía: Su primogenitura, que *era lo que le daba todos los privilegios, aun doble herencia*, todo por ¡*un plato de lentejas!*

Ten cuidado, porque Esaú cambió lo mejor que tenía por nada; y, cuando lo perdió, ya no lo pudo recuperar.

No te estoy diciendo que no trabajes, ¡hazlo! pero sé equilibrado, aparta tiempos no negociables: el de Dios, el de tu cónyuge, el de tus hijos.

No cambies lo mejor que tienes por diez dólares de una hora de trabajo extra.

b) La bendición está en trabajar de acuerdo a nuestros talentos

> *El Señor habló con Moisés y le dijo: «Toma en cuenta que he escogido a Bezalel,, hijo de Uri y nieto de Jur, de la tribu de Judá, y lo he llenado del Espíritu de Dios, de sabiduría, inteligencia y capacidad creativa*

> *para hacer trabajos artísticos en oro, plata y bronce, para cortar y engastar piedras preciosas, para tallados en madera y para realizar toda clase de artesanías.* Éxodo 31:1-5

Todos tenemos talentos, capacidades, dones. Dios dice en su Palabra, que él repartió como él quiso.

Es bueno diferenciar entre lo que nos gusta y lo que nos es fácil de hacer.

A mi me encanta la música. Siempre digo que soy un músico frustrado y vivo admirando a gente que el Señor le dio una excelente voz y talento para la música. Creo que, aun cuando me esforzara mucho, no lograría lo que puede alcanzar uno que recibió el talento.

Claro que también me fascina predicar, al igual que trabajar con los jóvenes, no me cuesta nada ¡me fluye! Sé que son dones que Dios me ha dado.

Conozco a algunos que les encanta predicar, pero a la gente no les encanta escucharlos, y no tienen por qué sentirse frustrados. Sencillamente deben descubrir el don, el talento que Dios les regaló y desarrollarlo.

También me fascina el fútbol. Hoy mi esposa Patricia hablando sobre este tema, le contaba a otra señora que cuando vivíamos en Buenos Aires, en el barrio Caballito, al mediodía en el parque que estaba pegado a nuestro apartamento, los trabajadores de una obra cercana armaban un partido o como lo llamamos en Argentina, el popular *picado*.

En lugar de botines de fútbol ellos tenían botas estilo militar pero de goma, pantalón largo arremangado a media pierna y el dorso descubierto.

Yo pasaba por ahí y me ponía a ver el picadito como si fuera la final de la Copa Mundo. Es obvio que mi esposa no me podía entender y aún hoy lo cuenta con asombro como una rareza mía. No es rareza: *es pasión*. ¡Me fluye!

Dios nos ha dado talentos que hacen renacer la bendición del Edén, antes de la caída, en nuestras vidas. A través de ellos podemos producir más esforzándonos menos.

Sé y entiendo que hay momentos en los cuales hay que trabajar en lo que salga, pero creo que eso también está en los planes de Dios para darnos una preparación integral.

El hombre fue creado para vivir en unidad y armonía con Dios

Pero también sé y entiendo *lo caro que cuesta errar* cuando nos equivocamos en la profesión que escogemos, y generalmente es porque elegimos de acuerdo a nuestro gusto y no de acuerdo a nuestros talentos.

Mi hermana Susy, por ejemplo, después del secundario o bachillerato comenzó la Universidad estudiando medicina.

Yo la observaba y pensaba: *Mi hermana es un genio o está en la carrera equivocada*, porque estudiaba solo a veces, y máximo media hora, cuando los otros amigos que estudiaban la misma carrera pasaban horas diariamente metidos de cabeza en los libros.

¿El final? solo aguantó un par de años, y *chau*.

No es lo que nos gusta lo que produce, sino el don recibido. Por eso es tan importante ser agradecidos y amar lo que Dios nos ha dado.

No te olvides: *Errar cuesta caro,* en tiempo, dinero y oportunidades.

Pídele a Dios que te muestre cuáles son tus talentos y los dones que él te ha dado. Analiza qué puedes hacer muy bien sin muchos esfuerzos, lo que te es fácil hacer, lo que te fluye. Descubre tus talentos y te volverás una persona tremendamente productiva.

c) Trabajar sin descuidar lo espiritual

Una vez que nuestros enemigos se dieron cuenta de que conocíamos sus intenciones y de que Dios había frustrado sus planes, todos regresamos a la muralla, cada uno a su trabajo.

A partir de aquel día la mitad de mi gente trabajaba en la obra, mientras la otra mitad permanecía armada con lanzas, escudos, arcos y corazas. Los jefes estaban pendientes de toda la gente de Judá.

> Tanto los que reconstruían la muralla como los que acarreaban los materiales, no descuidaban ni la obra ni la defensa. Todos los que trabajaban en la reconstrucción llevaban la espada a la cintura. A mi lado estaba el encargado de dar el toque de alarma.
> Nehemías 4:15-18.

Nehemías es un modelo de liderazgo a seguir.

Aquí lo vemos cambiando la estrategia de trabajo, ya que Dios había sacado a la luz un plan del enemigo para frenar la reconstrucción de la muralla de la ciudad de Jerusalén; había que trabajar, pero no se podía descuidar la defensa; había que estar alerta, tenían que estar con la espada ceñida y lista para ser usada.

Hoy es lo mismo; debemos trabajar, pero no podemos descuidar la espada del Espíritu, que es la Palabra de Dios, debemos trabajar sin dejar de lado lo espiritual.

Nehemías era un líder de oración, de motivación, de fe, de guerra, nosotros debemos llevar este modelo a nuestra vida laboral.

Debemos orar, motivar, creerle a Dios y debemos guerrear de la mano de la Palabra de Dios. Así, indudablemente, el enemigo no podrá frenar nuestra tarea y veremos los frutos.

d. Trabajar sin Dios, ¡es inútil!

Si el Señor no edifica la casa, en vano se esfuerzan los albañiles. Si el Señor no cuida la ciudad, en vano hacen guardia los vigilantes. En vano madrugan ustedes, y se acuestan muy tarde, para comer un pan de fatigas, porque Dios concede el sueño a sus amados. Salmo 127:1-2

Cuánto esfuerzo vano se ve en este tiempo.

Vivimos rodeados de personas estresadas, tan angustiadas que no pueden dormir, y no podemos decir que son negligentes o que no quieren trabajar. Sencillamente están tan ocupados en tratar de hacer producir su trabajo, que se olvidaron de Dios, que es el que les da las fuerzas, los talentos, el descanso, la salud y la bendición.

Esto me recuerda la historia de la ramita insensata que en su afán de dar fruto se separó de la planta. *Nunca lo olvides, ¡separados de Dios nada podemos hacer!* Nosotros al igual que la ramita, necesitamos estar pegaditos a él, porque cuando venga el invierno y amenace con destruirnos con las heladas, él nos protegerá; nos guardara también del calor y, *a su tiempo, nos hará dar mucho fruto.*

Lo nuestro es: Permanecer en él
Lo de él es: Hacernos dar fruto

El hombre fue creado para vivir en unidad y armonía con Dios

(3) Recomendaciones celestiales

> *Hermanos, en el nombre del Señor Jesucristo **les ordenamos que se aparten de todo hermano que esté viviendo como un vago** y no según las enseñanzas recibidas de nosotros. 2 Tesalonicenses 3:6*

Dios nos recomienda apartarnos de las personas con fuertes tendencias al descanso, o sea, los que viven como vagos.

> *Porque incluso cuando estábamos con ustedes, les ordenamos: «**El que no quiera trabajar, que tampoco coma**». (v. 10)*

No soy capaz de agregarle nada, solo lo voy a repetir: «El que no quiera trabajar, que tampoco coma».

> *A tales personas les ordenamos y exhortamos en el Señor Jesucristo **que tranquilamente se pongan a trabajar** para ganarse la vida. (v. 12)*

A veces me impacta cómo Dios nos muestra las cosas, es como si dijera: «Miren, muchachos, dejen de vagar, no se quejen ni protesten y calladitos vayan y tranquilamente. ¡Pónganse a trabajar!

El trabajo fue creado por Dios para bendición del hombre, y en Jesucristo la bendición del Edén ha sido restituida para todos los hombres que a través de él quieran tomarla.

7mo. Límites

> *Y le dio este mandato: «Puedes comer de todos los árboles del jardín, pero del árbol del conocimiento del bien y del mal no deberás comer. El día que de él comas, ciertamente morirás». Génesis 2:16-17*

Dios le puso límites a su creación, no lo creó y lo soltó en la tierra para que el hombre hiciera lo que quisiera. Están muy equivocados los que confunden libertad con independencia. Dios nos creó libres pero no independientes.

Independencia significa, básicamente, no dependencia. No depender de nada ni de nadie. De repente eso es algo válido para los países, aunque es literalmente imposible que un país pueda moverse absolutamente solo, pero digamos que en cuestiones de soberanías nacionales puede ser aceptable.

Hoy en día hay un mensaje peligroso dando vueltas por el mundo, que se identifica con el slogan: «*Si quieres ser feliz, vive como quieras*», o sea, que nadie te ponga límites, que no dependas de nadie.

Es una falsa libertad. Déjame darte unos ejemplos:
- *Falsa libertad económica:*
  No dependo de nadie, *yo manejo mi dinero.*
- *Falsa libertad familiar:*
  Nadie me controla, *me voy a vivir solo. Yo manejo mi tiempo.*
- *Falsa libertad sentimental:*
  Nadie me ata, *no involucro mi corazón, no me comprometo.*
- *Falsa libertad espiritual:* **Yo decido.**

Alguna vez alguien me dijo: el cristianismo es «la religión del NO», de lo prohibido.

Le respondí que eso era mentira, que yo soy libre para hacer lo que quiero, por ejemplo:
- Soy libre para robar, pero…
- Soy libre para mentir, pero…
- Soy libre para drogarme, pero…
- Soy libre para pelearme, pero…
- Soy libre para emborracharme, pero…
- Soy libre para desobedecer. Pero…
- Soy libre para adulterar, pero…
- Soy libre para vivir en desorden sexual, pero…

Si analizamos seriamente las consecuencias, los resultados de estas *libertades*, surge esta pregunta: ¿Seríamos verdaderamente libres?

Definitivamente soy libre para escoger mi propia cadena; «*porque todas estas libertades, (más otras cuantas), conducen solo a la esclavitud*».

Coincido con el Dr. Neil Anderson en que *las leyes de Dios no son prohibitivas, sino protectoras*, ya que cuando Dios nos aconseja o nos dice que «no» acerca de algo, no lo hace con el fin de aburrirnos, sino para protegernos.

Dios es un Dios de límites, y nosotros como cualquier hijo los necesitamos.

Los límites son una bendición para nosotros, porque son protección para nuestras vidas, nuestras familias, nuestros jóvenes, nuestros matrimonios, nuestras iglesias.

Dios te creó para que seas feliz, no para que vivas sufriendo.

Quizás estés sufriendo en este momento por haber pasado por alto alguno de estos límites, te aseguro que no era la voluntad de Dios. Él te ama y solo está esperando que vuelvas a él para volver a cobijarte bajo sus cálidas y protectoras alas.

En Jesucristo y su Palabra son restaurados los benditos y protectores límites del Edén.

8vo. El Dios detallista

> *Luego Dios el Señor dijo: «No es bueno que el hombre esté solo. Voy a hacerle una ayuda adecuada»*
>
> Génesis 2:18

Al comienzo de este punto, *el hombre fue creado para vivir en unidad y armonía con Dios.* Te decía, que al analizar la vida de Adán y Eva antes de la caída, entre otras cosas, te iba a permitir descubrir *al Dios detallista.*

Este versículo nos permite ver a un Dios interesado en nuestro bienestar, a un Dios analizando la vida del hombre. Ver que todo era bueno, menos una cosa: *la soledad.* Había algo en su creación que no era bueno: que el hombre estuviera solo.

Y como en todas nuestras cosas, Dios trae inmediatamente la solución: *Voy a hacerle una ayuda adecuada.*

Toda la creación es pasada delante de Adán y, gracias a Dios, no se encontró la ayuda adecuada para él. *Realmente no me veo felizmente casado con una gallina o con una vaca o una chimpancé,* entonces Dios saca una costilla de Adan y de ella, Dios crea a Eva, y lo más llamativo después de este evento es la exclamación de Adán:

> *¡Esta sí! es hueso de mis huesos y carne de mi carne.*
> *Se llamara «mujer» porque del hombre fue sacada.*
> (v. 23)

¡Esta sí! dijo Adán, le gustó lo que le hizo Dios. Creo que Dios sabe exactamente lo que nos gusta y lo que nos conviene.

En Eva veo el amor de un Dios detallista que no tiene ni quiere cualquier compañía para nosotros sino lo mejor, lo excelente, lo idóneo, el complemento ideal.

Creo que es hora de creerle a Dios. Él tiene lo mejor para nosotros y en estas cuestiones de elección de pareja es mejor dejar que Dios escoja por nosotros.

—¿Cómo lo haces? Fácil, preguntándole a Dios si esa es o no la persona que él tiene para ti, *sin temer a que te diga: «No»*. Y si él dice no, da media vuelta y *chau*.

Muchas parejas hoy están sufriendo por haber seguido un capricho, o sea, a la fuerza han tratado de hacer cuadrar lo que Dios no cuadró.

Dios es detallista, lo fue con Adán y Eva, y a través de Jesucristo nos libra de la soledad y nos permite alcanzar la armonía matrimonial tan deseada por muchos.

9no. Libertad

> *En ese tiempo el hombre y la mujer estaban desnudos, pero ninguno de los dos sentía vergüenza.*
> Génesis 2:25

A estas alturas del análisis de la vida de Adán y Eva antes de la caída, no puedo más que sorprenderme de lo hermosa y completa que era: no le faltaba nada, tenían más de lo que necesitaban. Creo que la pregunta de Dios para ellos hubiera sido: *¿Están contentos? ¿Les hace falta algo?*

Como si algo más faltara, Dios les dio libertad.

La vida en el Edén antes de la caída, estaba marcada por la libertad. Ellos andaban desnudos y no sentían vergüenza, lo cual significa que no tenían secretos entre ellos, no se ocultaban nada.

Hoy en día, las causas mas fuertes de división y peleas son las desconfianzas, las mentiras, las cosas que estaban ocultas y en el momento menos pensado salieron a la luz destrozando la confianza.

A través de Jesucristo es restaurada, no solo la libertad sino también la confianza que se disfrutaba en el Edén.

En Gálatas 5:1 Dios nos dice:

> *Manténganse firmes y no se sometan nuevamente al yugo de esclavitud.*

La libertad es una herencia, para todos los que a través de la fe en Jesucristo hemos sido hechos hijos de Dios.

10mo. Tiempo

> *Cuando el día comenzó a refrescar, oyeron el hombre y la mujer que Dios andaba recorriendo el jardín; entonces corrieron a esconderse entre los árboles, para que Dios no los viera.* Génesis 3:8

En este momento Adán y Eva habían caído, habían pecado, y su primera reacción fue la misma que la de los hombres de hoy en día: Corrieron a esconderse de Dios. *Como si eso fuera posible.*

Hoy el hombre tiene, como en el tiempo de Adán y Eva, muchos árboles detrás de los cuales se sigue escondiendo, como son: la autosuficiencia, las buenas obras, la religiosidad, la razón humana, etc.

Pero no estoy hablando de la vida del Edén después de la caída, sino antes de la misma.

Adán y Eva no solo disfrutaban de una vida sin secretos, sin cosas escondidas *(antes del pecado)*, sino que Dios les daba tiempo para ellos; no estaba todo el día, segundo a segundo supervisándolos. En el versículo 8 vemos claramente que *al atardecer* Dios los visita.

Eso nos permite sacar la conclusión de que Adán y Eva tenían todo el día para ellos. De ahí que sea muy importante manejar este tema del tiempo correctamente, ya que Dios nos ha dado tiempo para todo.

Esto está en línea perfecta con Eclesiastés 3:1: *Todo tiene su momento oportuno; hay un tiempo para todo lo que se hace bajo el cielo.*

El manejo del tiempo es otro de los temas de gran discordia, división y peleas de hoy en día, porque todos reclaman más tiempo.

Por ejemplo:

(a) Las esposas pelean con sus esposos porque ellos casi no tienen tiempo para ellas

Permítanme contarles algo que hacemos en nuestra iglesia en Miami, Casa sobre la Roca. Una vez al mes contratamos a jóvenes de la misma, para que cuiden a los niños de algunas parejas, y así estas puedan salir solas. Salimos con diez o quince matrimonios, diferentes cada vez, vamos al water-taxi, cenamos en excelentes restaurantes, a veces terminamos caminando por la playa, ¡todo muy romántico!

Los comentarios y los resultados son espectaculares. Pero sobre todo, notamos la necesidad de las parejas de tener su tiempo a solas.

Dios lo sabía y se los daba a Adán y Eva.

(b) Los padres y los hijos pelean porque casi no se ven, porque no hay tiempo

El diálogo cada vez es menor. Los diferentes intereses de ambos dejan cada vez menos tiempo para compartir en familia, y el poco tiempo en casa juntos es robado fácilmente por la televisión o la internet.

(c) Los cristianos tienen cada vez menos tiempo para Dios, por eso viven peleando

En estos días se está levantando una generación cristiana peligrosa, porque es conformista y mediocre.

Ora poco o nada, y sus escasas oraciones divagan en solo pedir, contarle a Dios sus problemas y cargas; y cuando terminan, en lugar de sentir el gozo de haber estado en la presencia de Dios, salen con la extraña sensación *de que brava está la situación*.

Con mucha razón alguien dijo: «En estos tiempos hay más del mundo en la iglesia, que de la iglesia en el mundo».

¿No te parece que somos muy egoístas con el Dios que en su presupuesto eterno destinó cada hora, cada minuto, cada segundo, cada instante a nosotros haciéndonos el centro de su atención, y nosotros lo único que le damos es un poco de tiempo los domingos y un poquito entre semana, generalmente de lo que nos sobra?

Créeme que no es casualidad la realidad de muchos cristianos hoy en día.

El hombre fue creado para vivir en unidad y armonía con Dios

No es verdad que no haya tiempo, la raíz de la solución sigue siendo la misma que viene desde el Edén: *Dios nos ha dado tiempo para todo.*

Es hora de reorganizar el tiempo poniendo a Dios, y nuestra relación personal con él, en el primer lugar, a nuestro cónyuge en segundo lugar, luego a nuestros hijos, luego a la iglesia, luego al trabajo, etc.

Déjame que cierre este punto con un versículo bíblico que me fascina:

> *Dios hizo todo hermoso en su momento, y puso en la mente humana el sentido del tiempo, aun cuando el hombre no alcanza a comprender la obra que Dios realiza de principio a fin.* Eclesiastés 3:11

Adán y Eva, sin dudas, vivían felices en el Edén. Nada les faltaba, vivían la vida que Dios había preparado para ellos, la misma que él quiere que hoy vivamos nosotros.

Esta vida es posible solo cuando entendemos y vivimos para lo que fuimos creados, o sea en unidad y armonía con nuestro creador.

La primera división

Adán y Eva dieron lugar al engaño.

Desobedecieron, pecaron, y por este motivo la armonía se rompió, la unidad con Dios desapareció y hoy sigue siendo exactamente igual, donde hay pecado no hay unidad ni armonía con Dios, porque el vivir en pecado te separa automáticamente de Dios y de sus muchísimas bendiciones.

Adán y Eva dan paso a la primera división en la tierra. Para entender la raíz de esta problemática, es bueno analizar la raíz de la palabra «división».

Es una palabra compuesta *di–visión.*

Di- significa *dos.*

Visión- significa *manera de ver las cosas.*

Mientras Adán y Eva veían las cosas como Dios las veía, nunca hubo problemas, solo bendiciones, deleite, autoridad, provisión abundante, excelencia, calidad de vida, trabajo súper productivo, tenían sus límites protectores puestos por Dios, vivían de la mano del Dios detallista, gozaban de verdadera libertad y disfrutaban de tiempo para cada uno de sus quehaceres.

Pero cuando ellos decidieron dar crédito a la voz del diablo y poner en duda la Palabra de Dios, empezaron a ver las cosas de una manera diferente a Dios.

Si tienes una Biblia a la mano, no dejes de analizar la historia de la caída y ver la gran sutileza del engaño. El enemigo *solo le agregó una palabra* a lo que Dios había dicho: *NO*.

Dios había dicho:

> *Puedes comer de todos los árboles del jardín, pero del árbol del conocimiento del bien y del mal no deberás comer. El día que de él comas, ciertamente morirás.*
> Génesis 2:16 b-17

Y el diablo solo le agregó el *no*, les dijo: *no morirán*.

Ahí comenzaron a ver las cosas diferentes, nació la primera «división» y desde ese momento la conocida historia de la caída.

Antes de seguir adelante, quiero advertirte que en este tiempo, el diablo sigue haciendo lo mismo y seguro que lo intentará contigo, no debes permitírselo, el querrá infectar tu vida con el virus del *NO*.

Dios te dirá: Perdona, el diablo te dirá que no, y en tu mente en primera persona, lo oirás así: ¿Y por qué?, no se lo merece, no lo siento, no lo puedo perdonar.

Dios te dirá: Ama, el diablo te dirá que no, y en tu mente lo oirás así: no lo siento, no quiero hacerlo, no puedo amarlo.

Y así se repetirá la historia, vez tras vez, Dios nos dice algo a través de su Palabra y el enemigo tratará por todos los medios de meternos el fatídico y oscuro «no».

Tienes que estar alerta, simplemente escucha a los que están alrededor de ti, y a ti·mismo, y sabrás por la manera de hablar quién manda a quién.

Este punto queda perfectamente ilustrado con la siguiente definición acerca de tres clases de personas:

- Los que dicen: «Sí quiero», triunfan en todo.
- Los que dicen: «No quiero», se oponen a todo.
- Los que dicen: «No puedo», fracasan en todo.

Paraíso por desierto

Es increíble ver cómo cambia la vida de Adán y Eva después de la caída.

Antes habitaban en el verdadero paraíso terrenal, creado por Dios para ellos, pero ellos lo desecharon y en su lugar inventaron un paraíso en el desierto.

Desde ese suceso el hombre vive de alucinaciones: haciéndose castillos en el aire, esforzándose mucho y consiguiendo muy poco, creyendo y viendo lo que no es en una carrera alocada por sobresalir, quejándose de lo dura que es la vida.

Desgraciadamente, así es la vida de las personas que rechazan el regalo de Dios: su Hijo Jesucristo; escogen el desierto, sin entender ni aceptar lo real y contundente que es su palabra cuando enfáticamente nos dice en Juan 15:5: *Separados de mí no pueden ustedes hacer nada.*

Primero lo primero

La caída nos deja este principio eterno: «Toda división comienza, primero, con la división espiritual».

Por eso, esta es la que primero hay que solucionar, para eso vino Jesús, para eso Dios se hizo hombre en Jesucristo: *Para reconciliar al hombre con él.*

Piensa esto por un momento: «¿Qué necesidad tendría Dios de hacerse hombre, si es como dice la gente de la "Nueva Era" que el hombre puede llegar a ser Dios, porque "Dios es un todo y todos formamos parte de ese todo"?

No solo parece ridícula esa afirmación. «¡Es ridícula!»

Y no solo es ridícula, sino altamente peligrosa, porque creer que el hombre puede llegar a ser Dios, anula automáticamente la necesidad de un redentor. Como dicen en mi país: «Ojo». Como dicen en Colombia: «Pilas». Como dicen en cualquier lado: «Alerta, peligro, cuidado, trampa mortal cerca».

Dios se hace hombre por amor a los hombres, porque el hombre no puede hacerse Dios.

De esto trata el verdadero cristianismo: mientras la religión es el intento del hombre por alcanzar a Dios, el cristianismo es Dios alcanzando al hombre a través de Jesucristo.

Por eso es que solo a través, y solo a través del sacrificio de Jesús en la cruz, es que tú, yo y todos podemos reconciliarnos con Dios y cancelar toda división y ruptura causada por nuestros pecados.

Al recibir a Jesús en nuestros corazones no solo recibimos perdón por todos nuestros pecados y reconciliación con Dios, sino también,

todo lo que es Jesús. Por eso, a partir de su llegada a nuestras vidas:
- Podemos perdonar
- Podemos amar
- Podemos reconciliarnos
- Podemos pedir perdón
- Podemos restaurar relaciones rotas
- Podemos sanar nuestras heridas
- Podemos cerrarle la puerta a la amargura, al resentimiento y al odio, que tanto daño causan.
- Podemos vivir. Podemos descansar. Podemos disfrutar.

¡Siempre! La división, la desunión, la discordia, las enemistades, las peleas, traerán maldición, ruina, destrucción de lo que más queremos, y por consiguiente, mucho, mucho dolor. ¡No lo dudes, es así!

Créeme, *no tienes porqué vivir así, no fuiste creado para vivir así.*

Jesús llevó sobre él la cruz del sufrimiento, del dolor, de la vergüenza. *No tienes porque llevarla tú.*

No hay dudas, el ser humano no fue creado para vivir separado o enemistado con Dios.

Ni antes, ni ahora, ni nunca, podrá haber felicidad, plenitud, paz en tu vida, si no te unes, si no te reconcilias con Dios a través de Jesucristo.

Señor Jesús:
¡Definitivamente, tú sabías lo que pedías!

Capítulo 4

Dios es terminante, serio y fuerte en este tema

Quizás ya no tengamos tanta resistencia en reconocer que Jesús sabía lo que pedía, al decirle al Padre celestial: *Que sean uno*.

Yo creo que llegó la hora de estar de acuerdo en que este tema es muy serio y en este punto que vamos a desarrollar a continuación, veremos lo terminante, serio y fuerte que es Dios con esto, lo cual nos obliga a considerarlo de la misma manera.

Dios nos habla de este tema en varios pasajes de su Palabra. Es más, creo que toda la Biblia es un llamado a la unidad, a la reconciliación, y no fue fácil llegar a escoger solo cuatro de todos los pasajes que nos enseñan sobre el tema, pero créeme que en estos cuatro nos quedará más que claro: lo urgente, firme y terminante que es Dios cuando se trata del tema de unidad y división. Veamos...

1) Mateo 12:25

Jesús conocía sus pensamientos, y les dijo: «Todo reino dividido contra sí mismo quedará asolado, y toda ciudad o familia dividida contra sí misma no se mantendrá en pie».

¡Wow, que frase!, para leerla una y otra vez, hasta que se vuelva una con nosotros, hasta que quede grabada en nuestra mente y corazón, porque su mensaje debe ser oído, debe ser aprendido, debe ser enseñado y analizado:

- Por cada líder de un país
- Por cada líder de una ciudad
- Por cada líder que camine sobre esta tierra

- Por cada integrante de todas las familias

Porque esto es muy serio y nos debe llevar a pensar: «¿Será para tanto?» «¿Debo tomar esta frase simbólicamente o literalmente?»

En el momento en que Jesús hizo esta declaración, era un momento bravo, no estaba hablando con amigos, estaba siendo seriamente atacado y cuestionado por uno de los grupos religiosos más fuertes de Israel: los fariseos.

Y estos no estaban atacando a Jesús con altura y diplomacia, estos estaban diciendo de Jesús: *Este no expulsa a los demonios sino por medio de Belcebú, príncipe de los demonios.*

¡Tremendo! Jesús acababa de realizar un milagro en sus propias narices, y en lugar de alabanzas y gratitud, recibe semejante ataque.

Por eso es que su frase no lleva nada de simbólico, es directa y literal: *Donde hay división, hay destrucción.*

Y le apunta a las ciudades y después cierra el lente al máximo, para situarse sobre la célula básica de toda sociedad: la familia.

Al ver esto, me surge una pregunta con respuesta conocida:

¿Será que Jesús sabía de antemano que la división sería el cáncer, la enfermedad más severa que atacaría a la familia de todos los tiempos? En especial este, donde la presión sobre cada familia se aumenta a diario por las necesidades, especialmente económicas; donde tanto papá como mamá tienen que trabajar; donde los niños estudian cada vez más horas y llegan a sus casas cada vez más tarde, donde casi no se ven con sus padres y la televisión es su «nana».

Creo que el Señor se anticipaba a la patética realidad de la familia posmoderna, anunciando cuál sería el problema central y trayendo en su Palabra y en él mismo la solución.

Quizás te estés preguntando: «¿Por qué específicamente las familias»? Déjame decirte lo que pienso y creo al respecto del ¿por qué las familias?

- Porque los países están formados por familias
- Porque las ciudades están formadas por familias
- Porque los barrios están formados por familias
- Porque los colegios están formados por familias
- Porque las iglesias están formadas por familias

Porque las familias están en todas partes y si las familias están mal: las iglesias estarán mal, los colegios estarán mal, los barrios estarán mal, las ciudades y los países estarán mal... El mundo estará (¿cómo está?) mal.

Esto es realmente muy serio y te involucra a ti y me involucra a mí. Esta palabra me habla a mí y te habla a ti, cubre tu familia y la mía. ¿Qué vas a hacer al respecto? No la puedes dejar pasar.

Establecer o reestablecer la unidad y la reconciliación familiar es algo que a partir de este momento debe volverse prioritario y urgente en nuestras vidas; ya que si las familias se sanan; los barrios, los colegios, las iglesias, las ciudades, los países, sanarán.

2) Romanos 16:17-18

Les ruego, hermanos, que se cuiden de los que causan divisiones y dificultades, y van en contra de lo que a ustedes se les ha enseñado. Apártense de ellos. Tales individuos no sirven a Cristo nuestro Señor, sino a sus propios deseos. Con palabras suaves y lisonjeras engañan a los ingenuos.

Este pasaje arranca con un ruego. *No te olvides, ni pases por alto, que esta es la Palabra de Dios.* Es un ruego que baja directamente del cielo para cada uno de nosotros; y ese ruego va dirigido en dos direcciones que debemos atender por igual:

La primera:

Apunta a una advertencia de grave peligro, una alerta de máxima seguridad: ¡*Cuídense*! Tengan cuidado de ciertas personas muy, pero muy peligrosas, tan peligrosas que pueden destruir tu familia, tu matrimonio, tus buenas relaciones con tus amigos.

—*¡Para, Silvano, vas muy rápido. ¿Cómo hago para poder detectar rápidamente a estas personas tan peligrosas, se visten de una manera especial, tienen algún distintivo especial? ¿Cómo las distingo?*

—Muy fácil, por su manera de hablar, presta atención a cómo hablan de las personas que te rodean.

Estas personas están viendo y hablando lo malo de los demás. Hacen de los errores o defectos de los demás su tema favorito, siempre están ensuciando a alguien, menospreciando los logros ajenos. Tienes que tener mucho cuidado, según te lo advierte el Señor, y prestarle mucha atención a la siguiente definición que también se refiere a los que causan divisiones: *el chismoso aparta a los mejores amigos.*

Debemos estar alerta, con las pilas bien puestas, porque estas personas siempre están buscando indisponernos contra los demás o contra alguien en especial, a veces se esconden detrás del ropaje de buenos amigos o de familiares interesados solo en protegernos, pero sus comentarios venenosos los desnudarán, ya que de la abundancia del corazón habla la boca.

Ya verás, no podrán guardar ni retener lo que tienen dentro, y si estás alerta podrás detectarlos y cuidarte, apartándote de ellos.

No tomes esto a la ligera: ¡Son *peligrosísimos de verdad*!

La segunda:

Habla acerca del trato que debemos darle a estas personas.

Una vez que las detectemos, sencilla y categóricamente *dice Dios: Apártense de ellos*.

No sé si será malicia indígena o qué, pero me late que estarás pensando:

—¿Cómo el Dios de amor me manda a apartarme de algunas personas? Y, ¡sí!, contundentemente ¡sí!, porque tú no los vas a poder cambiar, ni bendecir, pero ellos si pueden destruirte, si pueden dividir tu matrimonio, envenenar tu ambiente familiar, social y laboral.

Son muchos los que hoy están sufriendo por no aceptar el consejo mandatario del Señor.

—Y, Silvano, ¿por qué no lo aceptan?

— Porque, sencillamente, se creen más buenos que Dios.

—¿Cómo así? No te entiendo ¿Más buenos que Dios?

—Sí, así como lo estás leyendo, hay muchísimas personas ingenuas y engañadas que sencillamente se creen más buenas que Dios. Piensan de esta manera:

—No, yo no soy tan malo para hacerlos a un lado, hay que darles amor, cuidado, protección.

—¡Ey! Dios no dice que lo hagas, dice: A*pártate*, es peligroso para ti.

Me dicen:

—No, Silvano, déjame que te demuestre que yo puedo cambiar a esta persona.

Mi respuesta es:

— No seas ingenuo, vuelve a leer el versículo 18 de Romanos 16 o mejor te lo recuerdo: *Tales individuos no sirven a Cristo nuestro Señor, sino a sus propios deseos. Con palabras suaves y lisonjeras engañan a los ingenuos.*

Estas personas hablan engaño, usan palabras suaves y «cepilladas» (*colombianismo que significa: echar cepillo, o sea cepillar, lisonjear, clarito ¿no?*). Seguro que hablan muy bien de ti, pero muy mal de otros.

Deja que Dios se encargue de ellos, si quieres hacer algo bueno por estas *particulares* personas, ora a Dios para que él trate con ellas y las transforme.

Y si quieres hacer algo bueno por ti, hazle caso al Señor: Ten cuidado y apártate, y por favor, aguántate las ganas de ser más bueno que Dios.

Esto es muy serio. El deseo del Dios que te ama es que no sufras los terribles estragos que producen los que causan divisiones y dificultades, sino todo lo contrario, él quiere que le obedezcas, que aceptes su consejo y así disfrutes de la paz y de todo lo bueno que produce el vivir en unidad.

3) Tito 3:9-11

Evita las necias controversias y genealogías, las discusiones y peleas sobre la ley, porque carecen de provecho y de sentido. Al que cause divisiones, amonéstalo dos veces, y después evítalo. Puedes estar seguro de que tal individuo se condena a sí mismo por ser un perverso pecador.

Este pasaje es, quizás, el complemento perfecto del que acabamos de ver, es igual de severo y desde mi punto de vista, es más fuerte y contundente, trae un mandato a modo de consejo y una especificación, que a su vez es, digámoslo llana y abiertamente: *una orden.*

Lo primero que salta a la luz en estos versículos, es un Tito temperamentalmente fuerte, dominante y decidido; él es dejado, por el apóstol Pablo, en la ciudad de Creta con los siguientes fines:

- Para poner orden
- Para exhortar
- Para enseñar autoridad
- Para corregir lo defectuoso

En el versículo 9 encontramos la única recomendación personal:

Tito, te vas a encontrar con personas que hablan de más (¿conoces alguna?), que van a tratar de fastidiarte; por favor, Tito, que yo te conozco, tienes una misión muy clara e importante como para que te dejes robar el tiempo con discusiones y peleas por cosas que no son importantes. ¿Te has encontrado, últimamente, discutiendo o peleando por cosas que realmente no son importantes? Si es así vas a coincidir conmigo... ¡perdiste el tiempo!

En el versículo 10, nos encontramos con la orden y la manera de proceder: *Tito. La idea es: no perder tiempo. Sé directo; hazlo como en el fútbol, después de la segunda amarilla ¡chau!, la roja, amonéstalo dos veces y después evítalo.*

En el versículo 11: «Ah, Tito, no te preocupes, quédate tranquilo, que no te remuerda la conciencia, porque el que causa divisiones se condena a sí mismo por ser un perverso pecador».

—Este... Pablo ¿no se te estará yendo un poco la mano?

—Tito, ¿te acuerdas del Fulano aquel, que nos demoramos en expulsar en Decápolis?

—Sí, ¿por qué me lo preguntas?

—Recuerdas ¿por qué lo echamos?

—Permíteme hacer un poquito de memoria. Ya recuerdo: lastimó a muchos, causó la ruptura de buenas relaciones y la destrucción de varias familias, separó buenos amigos, causó el alejamiento de personas de la iglesia y hasta convenció a Alejandro «el herrero» para que hablara mal de nosotros, e impulsó a un grupo de rebeldes como él a que crearan una nueva iglesia, creo que la llamaron: «Asamblea de la Unidad»; y como si esto fuera poco, levantó calumnias de muy buenos hermanos y les arruinó su testimonio.

Y... sabes una cosa apóstol Pablo, tienes razón: el que causa divisiones es un perverso pecador, Pablo.

— ¿Sí?... vaya.

— ¿No te habrás quedado corto, Pablo?

Me fascina imaginarme caras, reacciones, diálogos y, quizás, este último no sé si habrá existido entre Tito y el apóstol Pablo, pero de lo que si estoy seguro es que si hoy en día alguno de nosotros llega a tildar a otra persona con el amable rótulo de: *perverso pecador*, sin lugar a dudas que se levantaría más de uno a decirnos que se nos fue la mano y que por favor no juzguemos a las personas.

Porque parece que en este tiempo, la apariencia, la liviandad y la falsa prudencia se mueven dentro de las iglesias con demasiada libertad. Es hora de que llamemos a lo bueno, bueno, y a lo malo, malo.

Para mí, es como Dios lo llama y punto. Y si alguien se ofende, está en su derecho.

Si tú tienes algún cuestionamiento al respecto, te repito, estás en todo tu derecho y puedes entablar disputa con Dios y cuestionarlo, ya que es su Palabra.

En lo que a mi respecta quisiera agregar, que al analizar el terrible daño que causa una persona que divide familias, iglesias, ciudades y aun países, no es, ni más ni menos, que *un perverso pecador*.

Dios no anda con vueltas, es muy serio y terminante en este tema. ¡Imitémoslo!

4) 1 Corintios 12:12-25

De hecho, aunque el cuerpo es uno solo, tiene muchos miembros, y todos los miembros, no obstante ser muchos, forman un solo cuerpo. Así sucede con Cristo. Todos fuimos bautizados por un solo espíritu para constituir un solo cuerpo —ya seamos judíos o gentiles, esclavos o libres—, y a todos se nos dio a beber de un mismo espíritu. Ahora bien, el cuerpo no consta de un solo miembro sino de muchos. Si el pie dijera: «Como no soy mano, no soy del cuerpo», no por eso dejaría de ser parte del cuerpo.

Y si la oreja dijera: "como no soy ojo, no soy del cuerpo", no por eso dejaría de ser parte del cuerpo. Si todo el cuerpo fuera ojo, ¿qué sería del oído? si todo el cuerpo fuera oído, ¿qué sería del olfato? En realidad, Dios colocó cada miembro del cuerpo como mejor le pareció. Si todos ellos fueran un solo miembro, ¿qué sería del cuerpo?

Lo cierto es que hay muchos miembros, pero el cuerpo es uno solo. El ojo no puede decirle a la mano: «No te necesito.» Ni puede la cabeza decirle a los pies: «No los necesito.» Al contrario, los miembros del cuerpo que parecen más débiles son indispensables, y a los que nos parecen menos honrosos los tratamos con honra especial. Y se les trata con especial modestia a los miembros que nos parecen menos presentables, mientras que los más presentables no requieren trato especial. Así Dios ha dispuesto los miembros de nuestro cuerpo, dando mayor honra a los que menos tenían, a fin de que no haya división en el cuerpo, sino que sus miembros se preocupen por igual unos por otros.

Permíteme que te lo diga a voz en cuello: ¡*Qué pasaje*!

Cuánta explicación. ¿Será que somos medio duritos para entender? o ¿Será que Dios quiere que no nos quede la menor duda sobre este tema?

Si tengo que decidir por una de las dos, diría que mi decisión divaga en un cincuenta y cincuenta, pero a fin de cuentas me inclino por la segunda, porque veo el amor de un Dios paciente, que no escatima ni tiempo, ni esfuerzo, ni palabras, ni ejemplos, a la hora de lograr el propósito de que nosotros podamos entender, a la perfección, algo que es vital para nuestras vidas y la de los que nos rodean.

Este pasaje es una lección en favor del amor, la misericordia y la fraternidad, y en contra de la envidia, el egoísmo y el orgullo.

El ejemplo es claro:

- Nadie puede mirar por encima del hombro a otro; *por la sencilla razón de que seguro, en algún momento en el futuro, necesitará de él.*
- Nadie puede andar con la cabeza gacha, porque todos tenemos dones y funciones específicas y únicas dadas por Dios.

El mensaje de esta porción es tan profundo, que tiene el poder de llegar y sanar las heridas de un corazón enfermo que en este momento puede estar generando pensamientos peligrosos como este: *No sirvo para nada, mi vida no tiene sentido.*

Si es tu caso, lo primero que tienes que hacer es llevar ese pensamiento a la obediencia de Cristo, o sea, sacarlo de tu mente, no aceptarlo, porque no viene de Dios y entregárselo a Cristo.

Lo segundo que tienes que hacer, es creerle a Dios lo que él dice de ti:

- Que eres especial tesoro para él.
- Que eres la niña de sus ojos.

- Que él mismo te ha escogido.
- Que tu vida vale el sacrificio de Jesús.
- Que eres más que vencedor.
- Que eres creación de Dios, hecho para buenas obras.
- Que eres un hijo de Dios.
- Que has sido perdonado de todos tus pecados.
- Que estás completo en Cristo.
- Que no hay condenación para ti.
- Que no te dio un espíritu de timidez ni de cobardía, sino de poder, amor y dominio propio.
- Que tu vida está en sus poderosas manos y no en la ningún hombre ni ninguna situación.
- Que todo lo puedes en Cristo que te fortalece.
- Que nada ni nadie te podrán separar de su amor.

Tienes que empezar a declarar con tu boca, tu mente, tu corazón y con todo tu ser: *que eres especial*, que lo que Dios tiene reservado para ti *nadie lo puede hacer*.

¡Sí! leíste bien, eres un ser único, que necesitas a otros y a quien también otros necesitan.

Dios te necesita, o si no, no te hubiera creado, porque no lo dudes: N*o eres el resultado de una noche de placer irresponsable de tus padres, ni una sorpresa ingrata e inesperada.*

Dios te tenía en sus planes mucho antes de que tus padres, abuelos, bisabuelos, etc., etc., etc., hubieran pensado en ti.

Él te había escogido antes de la creación del mundo.

— *Silvano, ¿realmente crees eso? se ve que no me conoces.*

—Error, creo que tú, aún, no te conoces. ¿Por qué no buscas una Biblia? Anda, yo te espero aquí...

Tres días después...

—¿Listo? Bueno, miremos juntos.

> Dios nos escogió en él antes de la creación del mundo, para que seamos santos y sin mancha delante de él. En amor nos predestinó para ser adoptados como hijos suyos por medio de Jesucristo, según el buen propósito de su voluntad, para alabanza de su gloriosa gracia, que nos concedió en su Amado.
> Efesios 1:4-6

Dios te escogió, no tus papás, no ninguna persona. Dios te escogió en él, antes, antes, antes de la creación del mundo, y lo hizo con un propósito bueno. ¿Qué digo? ¡Bueno! ¡Espectacular!.

Dios dice en el pasaje inicial, que todos somos parte del mismo cuerpo, yo no sé que parte serás tú, *lo único que sé es que sin ti estamos incompletos.*

Así que arriba esa cabeza, deshecha la mentira y llénate de esta verdad maravillosa, que desciende de un Dios bueno y detallista.

Además, el vivir con la autoestima por el piso, con envidia por lo que otros tienen, lo único que hace es impedir que las personas vean lo que Dios les ha dado.

Mientras releo lo que estoy escribiendo, siento la fuerte impresión de que serán más de uno los que estarán siendo levantados de la mentira de la baja estima al entender lo especiales que son.

Déjame que te repita y resalte lo que está en mi corazón: Dios dice que todos somos parte de un solo cuerpo, no sé que parte serás, lo único que sé es que…

- Sin ti estamos incompletos
- Sin ti tu familia está incompleta
- Sin ti tu iglesia está incompleta
- Sin ti tu barrio está incompleto
- Sin ti tu país está incompleto
- Sin ti nuestro mundo está incompleto

Al hablar de lo especiales que somos, recuerdo un suceso que le aconteció a mi hermana Susy. Créeme, no existe una hermana igual, es tierna, dulce, consentidora, apasionada con Dios, excelente esposa, excelente hija, excelente mamá. *(Creo que con todos estos cumplidos, como mínimo, me merezco una invitación a comer.)*

Mi hermana, hablando en serio, es envidiable y la recuerdo en este momento porque, al poco tiempo de recibir a Jesús en su corazón, ella empezó, sin darse cuenta, a imitar a una chica que asistía a nuestra iglesia. La verdad no sé el porqué, pero bueno, debo entender que son de esos misterios propios de la mujer. Llegó hasta reírse como ella, por lo cual un día la regañé con amor. Le dije que si lo volvía a hacer se tenía que ir de la casa. No, no fue tan así, pero sí estaba molesto, y le expuse mi punto de vista, le dije que me parecía que ella tenía una risa hermosa y que no debía imitar, ni envidiar, en el peor de los casos, a nadie; ella, por supuesto, *me lo negó.*

Al pasar unos seis meses, esta chica en cuestión se acercó a mi hermana y le pidió hablar unos minutos a solas y Susy, casi se muere con lo que le dijo. Palabras más, palabras menos, esto fue lo que le dijo: *Susy, quiero darle gracias a Dios por tu vida, siempre oro por vos, (es argentina), y siempre le pido ser como vos, hasta le he pedido perdón al Señor porque en algún momento, creo, que hasta te llegué a envidiar.*

Mi hermana quedó como Condorito, ¡plop! Aprendió una gran lección: *el menospreciar lo que Dios nos dio y anhelar ó envidiar lo que otros tienen, le abre las puertas de tu vida al engaño, a la baja estima personal, al desánimo, a la tristeza, a la depresión y te impide ver todo lo que Dios te ha dado, te impide ver lo especial que te ha hecho.*

Al invitarte a profundizar en el pasaje de 1 Corintios 12:12-25 te decía que a través del mismo íbamos a descubrir un Dios grandemente detallista, por ejemplo: del versículo 22 en adelante,

- El hizo a los miembros, que parecen más débiles, más indispensables
- *Para los menos honrosos, honra especial*
- *A los que parecen menos presentables, trató con especial modestia;*
- *Para los más presentables, ningún trato especial*
- Y cierra diciendo algo tremendo: *Dios ha dispuesto los miembros de nuestro cuerpo, dando mayor honra a los que menos tenían.*

En este punto te entiendo si te asaltan preguntas como:

¿Por qué Dios se tomó tanto trabajo para no repetir? ¿Para qué tantas molestias? ¿Por qué no nos hizo a todos iguales y ya? Lo que se dice «producción en serie».

Lee conmigo el versículo 25, para poder entender el porqué Dios se tomó todo este trabajo, por qué él es tan detallista:

> A fin de que <u>no haya división</u> en el cuerpo, sino que todos sus miembros se preocupen por igual unos por otros. (v. 25)

Cuántas lecciones valiosas:
- Una lección contra la envidia: Eres *especial, único, infaltable.*
- Una lección contra el orgullo: *No puedo solo, necesito de los demás.*
- Una lección contra el egoísmo: *Soy parte de un cuerpo, me debo*

a otros, debo preocuparme por los otros.

Es increíble pensar que Dios haya hecho todo esto con el único fin de que «no haya división», recalcando una vez más, implícitamente, la razón: *Donde hay división no hay amor, no hay misericordia, no hay fraternidad. Donde hay división hay envidias, hay peleas, hay dolor, hay distanciamiento, hay egoísmo, hay orgullo. Mejor dicho, donde hay división no hay nada bueno.* ¡Ah!, me olvidaba, sí hay algo: *donde hay división hay soledad.*

A estas alturas, no sé tú, pero yo, ya no tengo dudas. Hoy mismo empiezo a decirle *Stop a la división,* y estoy convencidísimo: *¡Jesús sabía lo que pedía!* ¿Por qué no nos sumamos y le pedimos al Padre celestial lo mismo?

«¡Padre, haz que seamos uno en nuestra familia, en nuestro trabajo, en nuestra iglesia! ¡Padre que haya reconciliación!»

Ahora que ya entramos en confianza y nos estamos poniendo de acuerdo, te invito a que juntos terminemos este punto con una conclusión definitiva:

Dios es muy serio, contundente, terminante y fuerte con este tema.

Puedo sentir su corazón deseando latir dentro del mío y del tuyo, para que nos unamos a él, en un mismo sentir, en un mismo pensar, para que le demos a este tema la importancia que él le da.

También puedo sentir su corazón, deseando, latir dentro del corazón de aquellos que hoy son víctimas y padecen una división familiar, una división matrimonial, o en sus trabajos o donde sea; él quiere verlos viviendo en unidad, armonía, él anhela verlos bendecidos, disfrutando de todas las cosas re-buenas de la reconciliación.

¿Por qué te digo esto con tanta seguridad?

Presta toda tu atención al punto siguiente, en el cual, creo, llegaremos al fondo de este tema y recibiremos las fuerzas que necesitamos para buscar, hasta conseguir, la unidad.

Capítulo 5

Jesús murió para restablecer la Unidad

Gran parte de la teología cristiana ronda y apunta hacia la vida eterna, y estoy de acuerdo con la importancia que tiene, y de lo vital que es para un cristiano, tener claridad y seguridad acerca de dónde va a pasar su eternidad.

Los hijos de Dios pueden vivir seguros y tranquilos, ya que en el momento en que sus ojos se cierren a este mundo, automáticamente se abren en la presencia del Señor en el cielo, para así vivir con él toda la eternidad.

Lamento contradecir a aquellos, que sin ningún fundamento serio y creíble, más que su necia terquedad y ceguera consciente, aseguran que después de la muerte no hay nada.

Creo que esos conceptos, quizás en otros lejanos tiempos de oscuridad e ignorancia podrían haber tenido un poquito de aceptación; pero hoy en día, donde todo gira en torno a lo espiritual, creo que no tienen ni la más mínima posibilidad de sobrevivir, es más, aun científicamente es absurdo proponer y sostener esta idea.

Para aquellos que han recibido en su corazón a Jesús, y lo han declarado Señor y Salvador de su vida, es de descontarse su seguridad de vida eterna en el cielo con Dios.

Para aquellos que aún demoran su decisión de entregarles su vida a Jesucristo, los animo a que no pierdan más tiempo.

Hace algunos días, alguien me alegaba lo siguiente:

—Yo creo que Jesús es el Hijo de Dios, el Señor y Salvador, y que sin dudas vivir con él debería ser lo mejor, pero, *cuesta mucho seguir a Cristo.*

A lo cual le respondí:

—N*o lo mires solo desde esa perspectiva, analízalo también desde* *la siguiente óptica: ¿Cuánto te está costando no seguirlo?*

No pierdas más tiempo, analiza tu vida desde las dos perspectivas y decide, solo espero que no se te vaya la vida analizando.

RESUMO: Estoy de acuerdo con que la seguridad de la vida eterna con Cristo en el cielo después de la muerte es fundamental, pero, no estoy de acuerdo con que todo o la mayoría del tiempo estemos enfocados en la vida eterna, porque sino ¿para que vivir en la tierra?

Tenemos que prestarle también mucha atención a nuestra vida aquí en este tiempo, ya que Jesús no solo murió para reconciliarnos con el Padre celestial, para salvarnos de todos nuestros pecados, y darnos vida eterna; sino, también, para darnos vida acá en la tierra y vida en abundancia.

Es más, su Palabra, la Biblia, no es un legado con instrucciones de cómo ser feliz en el cielo; sino, más bien es —como dice mi pastor Darío Silva-Silva—, «el Manual del Fabricante», donde nuestro Creador nos dice exactamente cómo vivir y funcionar correcta y perfectamente aquí en la tierra.

Por eso, ya que seguimos de acuerdo (¿seguimos de acuerdo verdad?) digámosle al Señor Jesús:

Gracias Señor por haber muerto por nosotros para darnos la posibilidad de reconciliarnos con el Padre y obtener el perdón de todos nuestros pecados y asegurarnos, así, el cielo como futura residencia eterna, pero, gracias, también Señor, porque te interesaste en nuestra vida acá en la tierra y nos dejaste tu palabra como lumbrera para iluminar nuestro camino en el andar diario.

Creo que ya estamos listos para leer el pasaje clave de este punto que nos mostrará claramente, cómo el sacrificio del Señor Jesús no apuntaba, solo al cielo, sino también, a nuestra vida acá abajo. Veamos:

Juan 11: 49-52

Uno de ellos, llamado Caifás, que ese año era el sumo sacerdote, les dijo: ¡Ustedes no saben nada en absoluto! No entienden que les conviene más que muera un solo hombre por el pueblo, y no que perezca toda la nación. Pero esto no lo dijo por su propia cuenta sino que, como era sumo sacerdote ese año, profetizó que Jesús moriría por la nación judía, y no sólo por esa nación sino también por los hijos de Dios que estaban dispersos, para congregarlos Y UNIFICARLOS.

Analiza esto: El pasaje habla de que Jesús iba a morir con el propósito de juntarnos y unificarnos, o sea, para restablecer la unidad.

Estoy seguro que estarás de acuerdo conmigo, *en que no todos vemos las cosas de la misma manera,* porque todos somos diferentes, todos creados únicos y especiales. ¡Atención! dije «diferentes», no «mejores ni peores»; solo diferentes, con talentos, dones, y llamados diferentes. ¿Recuerdas lo de un solo cuerpo y muchos miembros?

Pero también estoy seguro que estarás de acuerdo conmigo, en que hay algunas cosas en las cuales deberíamos estar de acuerdo y unidos. Por ejemplo:

- En trabajar y esforzarnos por el bienestar familiar.
- En hacer prosperar nuestro trabajo.
- En hacer que crezcan las iglesias.
- En la restauración de los valores, tales como: el amor, el respeto a las autoridades, la obediencia a los padres, el perdón, la fidelidad, la sinceridad, etc.
- En la restauración matrimonial.
- En proteger y bendecir a los niños.
- En interesarnos por la vida y los medios donde se mueven nuestros jóvenes y en conocer sus amistades.
- En dar mas tiempo a Dios y a nuestras familias.
- En no seguir cambiando lo importante por lo urgente.
- -En reconciliar a: Padres con hijos; amistades perdidas, las relaciones entre hermanos, etc.

Deberíamos ponernos de acuerdo y unirnos para restaurar la armonía en nuestras familias.

Todos coincidimos en esto último, todos deseamos que suceda. Pero todo se queda en el solo deseo. Es más, nadie hace nada, todos están esperando un milagro o que el otro en cuestión haga algo y el tiempo sigue pasando, el dolor sigue creciendo, las heridas siguen sangrando y los corazones siguen endureciéndose.

Algunos se preguntan: ¿Y por qué Dios no hace algo? ¿Realmente crees que ese planteamiento es correcto? ¿Crees que Dios no ha hecho nada? Él lo ha hecho todo. Él ha hecho lo que tenía que hacer y *de ninguna manera hará lo que nos corresponde hacer a nosotros.*

Dios es un Dios consentidor pero no es alcahuete.

— ¡Para, Silvano! explícame esta última frase, que no la entiendo.

Es una frase fuerte, pero es así: Dios es consentidor, a él le fascina hacerle bien a sus hijos y llenarlos de bendiciones. Es más, él se encargó de hacer lo mas difícil y hará todo lo que tenga que hacer, porque para él nada es imposible, pero lo que nos toca hacer a nosotros, de ninguna manera lo va a hacer, por ejemplo:

- Él me perdonó todo, *pero no va a perdonar por mí al que me ofendió, yo debo hacerlo, yo debo perdonar.*
- Él intercede por mí, *pero yo debo orar.*
- Él venció por mí, *pero yo debo declarar y vivir esa victoria.*
- Él me hizo libre, *pero yo debo mantener esa libertad.*
- Él me reconcilió con Dios, *pero yo debo reconciliarme con la gente.*

Esta lista podría ser mucho mas larga, solo puse algunos ejemplos. Es hora de que los cristianos dejemos de jugar al cristianismo y nos pongamos serios, porque detrás de todo lo que hacemos y decimos va el nombre del Señor que representamos y no creo que sea justo hacerlo quedar mal.

Otros muchos se esconden detrás del *quiero pero no puedo,* hay que tener cuidado al declarar esto, porque se corre el peligro de hacer a Dios mentiroso, porque él ha declarado en su Palabra:

Todo lo puedo en Cristo que me fortalece.
Filipenses 4:13

En lo que se refiere al tema de este libro, creo que si quisiéramos hacerlo lo podríamos hacer.

Claro que podemos, pero es con Él, con sus fuerzas, es por él y para él, porque él murió para restablecer la unidad.

Graba en tu mente y en tu corazón la siguiente frase matadora (así llamo yo a esas frases capaces de matar en nosotros algo malo y cambiarnos al aplicarlas y apropiarnos de ellas):

Jesús nos reconcilia con Dios y nos da el poder y la capacidad para reconciliarnos con las personas.

— ¿Pero Silvano, qué pasa con aquellos que quieren pero parece que algo muy fuerte se los impide?

Esa es una buena pregunta, que nos abre el camino para enfrentar, quizás, la más grande traba, el obstáculo o impedimento más grande, para que las personas se reconcilien: *el orgullo.*

—¿Me podrías dar una definición clara de lo que es el orgullo?

El orgullo es la esencia del corazón del diablo, allí nació, y cuando logra instalarse en algún corazón, le comienza a cerrar todos los caminos a la reconciliación y al perdón, hasta que la persona muere en vida en total soledad y sequedad emocional.

El orgullo es la exaltación de uno mismo, y digo que es la esencia del corazón del diablo, basado en este pasaje bíblico:

¡Cómo has caído del cielo, lucero de la mañana! Tú, que sometías a las naciones, has caído por tierra. Decías en tu corazón: «Subiré hasta los cielos. ¡Levantaré mi trono por encima de las estrellas de Dios! Gobernaré desde el extremo norte, en el monte de los dioses. Subiré a la cresta de las más altas nubes, seré semejante al altísimo.» ¡Pero has sido arrojado al sepulcro, a lo más profundo de la fosa! Isaías 14:12-15

Miremos este texto paralelamente a la vida y a las pretensiones del Señor Jesús:

El diablo decía en su corazón: *Subiré, yo subiré, hasta los cielos.* Jesús se ofrecía a bajar a rescatarnos.

El diablo decía en su corazón: *Levantaré mi trono por encima de las estrellas de Dios.* Jesús se humillaba hasta lo sumo, o sea, bajaba hasta lavarle los pies a los hombres, el creador lavándole los pies a la criatura.

El diablo decía en su corazón: *Gobernaré, yo gobernaré, yo subiré, yo quiero ser señor*, Jesús se graduaba de Cordero de Dios, se graduaba de siervo y daba su vida por la humanidad. (Entiéndase *por humanidad: tú y yo*).

Prepárate porque ahora viene el punto culminante que seguro te hará exclamar, como dicen en Colombia: ¡Qué igualao! *(Eso dicen, por ejemplo, de aquellos que logran colarse a un desayuno con el presidente George W. Bush y se le acercan y con una palmada en la espalda le dicen: ¿Qué tal George, cómo está tu esposa Laurita? Eso es un «igualao».*

El diablo decía en su corazón: seré semejante al altísimo. No puedo más que imaginarme la cara de Dios, su gesto; y, si fuera gringo creo que su respuesta hubiera sido: ¡ ¿What ?!

Qué tremendo, Satanás quería ser como Dios *y Jesús se hizo semejante a los hombres.*

¿El final? El que recibe todo orgulloso, lo dice la Palabra: *El altivo será humillado, pero el humilde será enaltecido.* Proverbios 29:23

Para el diablo, el versículo 15 de Isaías 14: *¡Pero has sido arrojado al sepulcro, a lo más profundo de la fosa!*

Para Jesús: *Exaltación total*

Creo que este es el mejor paralelo para un orgulloso. Satanás quería ser el más grande, sin saber que el camino del orgullo es en una sola dirección: hacia abajo.

Es trágica la situación de hoy en día porque vivimos rodeados de personas orgullosas y no esperes encontrar a una persona diciendo:

• Yo soy el mejor.

• Yo no necesito nada ni a nadie.

• Yo solo logré lo que tengo, fue por mi esfuerzo, sin ayuda ajena.

No creo que encontremos a alguien que hable así, porque el orgullo está adentro, en el corazón, bien escondido, y para manifestarse, tiene unos disfraces favoritos. Permíteme que te comparta alguno de ellos para que puedas detectarlos, espero que no en tu propia vida.

Uno de los que más usa lleva en su etiqueta la siguiente inscripción:

Falsa humildad:

Estos son los típicos, que por algún trabajo ó acción reciben un aplauso y levantan, inmediatamente, el dedo índice señalando al cielo, como diciendo: *No a mí, por favor, no a mí, no me lo merezco, no a mí sino a Él* y mientras que con el índice señalan arriba, con el pulgar se señalan a ellos mismo. ¿Qué te puedo decir? ¡Repugnante!

Otro de sus disfraces preferidos es el de:

Falsa espiritualidad:

¿Quieres aprender las últimas poses que se mueven dentro del mercado cristiano? Si te encuentras un orgulloso con este disfraz, seguro que en un solo servicio, es capaz de mostrártelas todas:

Estas gentes tienen un versículo de cabecera, que se lo saben de memoria y parecen decírselo a cada persona que se les acerca: A*prendan de mí, que soy manso y súper humilde de corazón.*

Este disfraz es el de los domingos, o sea, solo para ir a la iglesia.

Ahora veamos los casuales para entre familia, los *sport,* para con los amigos, etc.

Estos, a pesar de ser los más usados, la gente aún no los advierte con facilidad, no se dan cuenta que son disfraces detrás de los cuales se esconde el destructivo *orgullo.*

Estos trajes tienen en su etiqueta los siguientes nombres:

Don Renc Oroso:

Este es un señor muy puesto en su sitio, de sonrisa fácil, pero con un brillo extraño en sus ojos y con un preocupante acento desconfiado en sus palabras.

Don Renc Oroso se enorgullece de su excelente memoria, ya que nunca olvida las ofensas ni a quienes por algún motivo le fallaron.

También está orgulloso de su fuerza de voluntad, ya que está convencido que nada lo hará perdonar ni pedir perdón.

Mr. Resent Ido:

A diferencia de Don Renc Oroso, el mister aunque no le disgusta la gente, tiende a aislarse, cada vez se entiende mejor con su nueva amiga soledad, ya la está por oficializar como su huésped de horror, digo de honor.

Mr Resent Ido a pesar de ser joven, se le ve cada vez con más arrugas, creo que necesita un *piling* urgente con el aceite de la unción.

Padece de agrieras y úlceras estomacales, y si no va urgente al médico divino puede reventársele la hiel y morir intoxicado de tristeza o atragantado con una raíz de amargura.

Sr Res Pondon:

Se enorgullece de su alta elocuencia, dicen que sus ancestros se levantaron en el lejano oeste, ya que él se jacta de tener la lengua más rápida del mundo.

Aunque su familia le ha pedido el favor de que se calle porque sus respuestas tan agresivas y fulminantes, también los están hiriendo a ellos, él trata, pero su ascendencia de mero macho se lo impide, ya que él se jacta de no dejarse de nadie y que la última palabra le corresponde, exclusivamente, a él.

Dr Pel lón:

Este es un doctor en química, y aunque vive cerquita del Sr. Res Pondón, trata de no encontrarse con él, ya que desde la última vez que se cruzaron todavía quedan las heridas. Este doctor vive echando chispas, genera a su alrededor un alto voltaje y a veces la tensión es tan fuerte que todos desaparecen. Su familia sufre y no lo han abandonado por puro temor. Es de pocas palabras y se jacta de su radicalidad y de su convicción, ya que está dispuesto a pelear por mantener su posición y todo se hace como él dice.

Vive con la siguiente actitud: *Con quién peleo que solo muñecos veo.*

Vive tan centrado en él mismo, que no se da cuenta que se va quedando cada día más solo.

Don Ven Gativo:

Este se jacta de su espíritu de cazador, ya que esperará al que le hizo algo para devolvérselo. No duerme bien, porque vive tramando y esperando el momento de la venganza. ¿El perdón? no, él no sabe lo que es eso aún.

Para su desgracia y la de los que lo rodean, vive regido por el famoso *ojo por ojo y diente por diente.*

No ha leído lo que el mismo Jesucristo dice:

Ustedes han oído que se dijo: "Ojo por ojo y diente por diente." Pero yo les digo: No resistan al que les haga mal. Si alguien te da una bofetada en la mejilla derecha, vuélvele también la otra. Si alguien te pone pleito para quitarte la capa, déjale también la camisa.

Si alguien te obliga a llevarle la carga un kilómetro, llévasela dos.

Al que te pida dale; y al que quiera tomar de ti prestado, no le vuelvas la espalda. Mateo 5: 38 al 42

No se engañe Don Ven Gativo, no es de hombres pelearse, de verdaderos hombres es pasar por alto la ofensa y perdonar, para así ser imitadores de Jesús.

Sr. Ofen Dido:

Este es uno que mezcla la quietud y el silencio del sueco con la dureza y testadurez de los alemanes, porque casi nunca se sabe lo que le pasa, de repente no saluda, o si lo hace es de mala gana, su mirada es esquiva, sus palabras llevan fastidio y su actitud es: *No, no, no me pasa nada, dale apúrate, que no estoy de ánimo para hablar.*

El Sr. Ofen Dido se caracteriza porque siempre es la víctima, el nunca hace nada malo, parece como si el mundo que lo rodea se hubiera confabulado contra él para hacerlo sufrir.

Sufre de autoconmiseración, se siente miserable, pero, a la vez, orgulloso de su aguante, puede vivir toda su vida sin reconocer sus necesidades, vivir ofendido y «aparentemente» no tener problemas; pero se consume por dentro, disfruta muy poco de lo que Dios le ha dado, y lo peor de todo es que vive rodeado de personas que lo quieren, preguntándole:

—¿Qué te pasa, te hice algo, estás mal conmigo?

Para recibir siempre la misma respuesta:

—*No, no, no me pasa nada* —acompañada con la misma cara de fastidio.

La gente que lo rodea termina aburriéndose de su mala cara y pesimismo y sin darse cuenta se va quedando solo, cosa que, seguramente, lo ofenderá más.

Estos son los más renombrados, pero, si rebuscamos un poco, seguramente nos encontraremos con muchos familiares de los recién enumerados.

Estos disfraces del orgullo vienen también para mujeres, por ejemplo:

Doña Renc Orosa; Miss. Resent Ida; Sra. Res Pondona; Dra. Pel Iona; Doña Ven Gativa; Srta. Ofen Dida.

Todas ella tienen las mismas características de los hombres, acentuándose, en algunas áreas, con más fuerza y no tanto en otras, pero produciendo el mismo resultado.

Estos, masculinos y femeninos, dentro de sus más sonados logros, cuentan con su habilidad de haberse metido dentro de las familias, iglesias y sociedades *como algo normal, lícito, razonable;* y destruirlas o causarles gran daño.

Aun así hay personas que tratan de cobijarlos y justificarlos diciendo: Y... *claro, pobrecito, cómo no quieren que reaccione así,* <u>*con lo que le hicieron,* *¿cómo pueden esperar otra cosa?*</u>

¡Ey, ey, ey!, ¡Stop, stop! Ahí, que acá hay dos frases que no puedo ni quiero dejar pasar.

- Con lo que le hicieron
- Cómo pueden esperar otra cosa

Perdón, no nos olvidemos en qué punto estamos. Te recuerdo: *Jesús murió para restablecer la unidad.*

Estamos hablando de que *Jesús murió* por algo para nosotros. *Jesús murió es una frase que se queda corta a la hora* de describir su pasión.

Espero que hayas visto la película *La pasión de Cristo*, de Mel Gibson. ¿Qué piensas de ella? No, no, no caigas en el error de muchos, de analizar si se excedió o no en las escenas, te estoy preguntando por el mensaje. ¿Qué repicaba en tu corazón?

He hablado con muchos compartiéndoles el mensaje que oía en mi corazón, aún en la sala de cine que arrendamos en mi iglesia, donde me permitieron hablar diez minutos al final de la película a unas cuatrocientas personas. El mensaje era sencillo, pero conmovió mi ser y el de todos en esa sala: *lo hice por ti, lo hice por ti, Silvano.* Pon tu nombre al final de la frase: L*o hice por ti.*

Ya no importaba, ni importa, si me pareció muy fuerte o no, o si yo creo que la realidad fue peor, eso no importa, ni importa, solo importa el mensaje en el corazón, que no venía de esa película, sino de mucho más arriba, de mucho más cerca de aquella pantalla, *lo hice por ti, Silvano,* yo solo pude llorar y darle las gracias.

¿Cómo eran las frases que me decías, encubriendo el orgullo y la falta de perdón?

- Con lo que le hicieron
- Cómo pueden esperar otra cosa

¿Pensaste en lo que le hicieron a Jesús?, por si no te acuerdas o no lo sabes, déjame enseñarte o refrescarte la memoria:

- Lo negaron
- Lo abandonaron
- Lo traicionaron
- Lo golpearon con palos
- Lo golpearon con látigos
- Lo golpearon con puños

- Le escupieron la cara
- Se burlaron
- Lo coronaron con espinas
- Lo obligaron a cargar la vergonzosa y maldita cruz
- Se rieron de su sufrimiento
- Lo insultaron
- Lo clavaron a una cruz
- Le dieron vinagre a beber
- Le clavaron con una lanza su costado
- Fue separado de su Padre, al cargar con tus pecados, los míos, los de todos.

Así y todo tengo la fuerte sospecha de que no fueron los clavos los que lo sujetaron a esa cruz, sino el amor por la humanidad (*entiéndase por humanidad tú y yo*).

Sí, a Jesús fue el amor lo que lo sujetó a esa cruz, por eso cuando él se acerca a tu vida, va con la intención, de clavarse de la misma manera a tu corazón, no con clavos, sino con amor.

Con lo que me hicieron ¿decías? De repente porque alguien te defraudó, te lastimó, te traicionó, etc., eso no te da el derecho para sumir tu vida y la de tu familia en la amargura y al dolor que produce el vivir siendo una persona: rencorosa, resentida, respondona, vengativa, peleona, ofendida, etc.

Imagínate, con todo lo que le hicieron a Jesús, a qué no tendría derecho y ni siquiera, analizando, que era el Hijo de Dios.

Él tenía todos los derechos: Él tenía el derecho de decretar la muerte para todos y para sorpresa de propios y extraños, *decretó vida a través de su muerte*.

Creo que la unidad comienza cuando destruimos el orgullo y todos sus disfraces y atuendos y empezamos a imitar el ejemplo de nuestro Señor Jesús.

¿Te gustaría imitarlo? No es tan difícil. Él realizó tres grandes cosas que debemos imitar, para destruir el orgullo y restaurar la unidad y la armonía en nuestras vidas y con los que nos rodean.

1-Hizo algo grande
2-Ofreció un sacrificio grande
3-Renunció a un derecho grande

1- Hizo algo grande

Él es Dios, él era Dios y él tomó la iniciativa y se acercó, él nos buscó, él era Dios y como dice su Palabra:

> *La actitud de ustedes debe ser como la de Cristo Jesús, quien, siendo por naturaleza Dios, no consideró el ser igual a Dios como algo a que aferrarse. Por el contrario, se rebajó voluntariamente, tomando la naturaleza de siervo y haciéndose semejante a los seres humanos. Y al manifestarse como hombre, se humilló a si mismo y se hizo obediente hasta la muerte, ¡y muerte de cruz!* Filipenses 2:5-18

Él era Dios y se rebajó voluntariamente, nadie lo obligó, tomó la naturaleza de siervo y se hizo semejante a los hombres y, al hacerlo, *se humilló a sí mismo.* ¡Esto es grande de verdad!

Qué extraño se vería Jesús viviendo en nuestro tiempo, donde todo el mundo busca notoriedad, exaltación y aprobación.

Y observa el versículo 8 «se hizo obediente hasta la muerte, ¡y muerte de cruz!»

No murió de cualquier manera, fue muerte de cruz, el significado de la cruz en ese tiempo era muy diferente al que tiene en estos días, que hasta se venera, se le atribuyen poderes que no tiene, y es algo de alta estima.

En la época de Jesús, la cruz era vergüenza y representaba maldición. La ley judía decía: *Maldito todo aquel que es colgado en un madero.*

Sí, estás pensando lo correcto. Él se hizo maldito por ti, y también por mí, para librarnos de la maldición y regalarnos una vida diferente, en la que, en unidad con él y con las personas, podamos disfrutar de todas las bendiciones que él creo para nosotros.

Definitivamente, él hizo algo grande.

En estos momentos estoy rebuscando en mi mente, entre mis conocidos, alguno que haya hecho algo grande, tan grande como *rebajarse y humillarse a sí mismo en beneficio de otros,* y te tengo que ser sincero: No me estoy sintiendo muy bien que digamos.

¡Qué difícil es compararse con Jesús! Cada vez que trato de analizarlo, no quedo bien parado. Las palabras que siguen las puedes obviar si quieres, porque no son para ti, son para el Señor. «Gracias por amarme a pesar de todo, ayúdame a parecerme un poquito más a ti cada día, lo deseo, lo anhelo».

Volviendo al tema, cómo nos cuesta rebajarnos y humillarnos a nosotros mismos, bajar del pedestal del orgullo y reconocer que tenemos necesidades, que nos equivocamos y que solos no podemos.

Cuánto daño causa el orgullo en nuestras vidas... Mientras Jesús, siendo Dios, se rebajó y humilló a sí mismo, a muchos hombres les está pasando o les va a pasar lo de algunos animales cuadrúpedos: q*ue a no ser que los volteen, que los tumben, no son capaces de mirar hacia arriba.*

Jesús se humilló a sí mismo, y por eso Dios lo exaltó hasta lo más alto y le otorgó un nombre que es sobre todo nombre.

Cierro este punto con unas palabras extraídas de la Biblia, que deseo queden grabadas en tu corazón y tu mente: *el que se enaltece será humillado y el que se humilla será enaltecido.*

2- Ofreció un sacrificio grande

Creo que el sacrificio más grande que una persona puede hacer es morir a algo por otros, el Señor lo dio todo por nosotros.

Entender el sacrificio de Jesús a fondo, creo que es algo que nuestras mentes finitas nunca llegarán a cubrir totalmente; quizás, si te consigues una Biblia y te lees en algún rato libre Isaías 53, puedas entender un poco más acerca de lo que él hizo por nosotros.

Fue un verdadero sacrificio, de ahí que si hay algo que me pone furioso es cuando alguna persona, después de oír el relato de la pasión de Cristo y su crucifixión, suelta sin pensar el fatídico y desubicado «pobrecito», «lo que le tocó vivir», como si Jesús hubiese hecho algo por él, él no es digno de lástima, él es digno de toda adoración y de alabanza, de exaltación y gratitud, no podemos caer en el error garrafal de menospreciar el sacrificio de Jesús.

Permíteme contarte un poquito de mi vida, como ya habrás notado, soy argentino, aunque mi manera de hablar está influenciada por los nueve años que viví en Colombia, y como escribo como hablo, te habrás dado cuenta que se me mezcla el vos y el tú, cosa que le pedí a la gente de editorial Vida me lo tolerara, porque ese soy yo.

Te decía, soy argentino, y el argentino, como cualquier ciudadano de cualquier otro país, tiene cosas buenas y cosas malas, algunas, aunque no me creas, muy buenas.

¿Por qué digo esto? porque es necesario para que puedas entender lo que viene.

Los argentinos siempre nos hemos sentido bien *(qué manera tan delicada de decir que nos sentimos orgullosos, pero esa palabra no me gusta mucho)*, respecto a que somos frenteros, no va con nosotros la falsedad o la hipocresía.

Con el argentino *sabés* a que *jugás*, jamás te va a meter la famosa puñalada trapera (por la espalda).

Y muchas veces nos vamos para el otro lado y nos pasamos de sinceros, ya que equivocadamente, creemos que ser sinceros es decir todo lo que pensamos y (tengo *que aceptarlo*) eso no es sinceridad, «eso es imprudencia», ser sincero es decir la verdad, no es decir todo lo que pienso, es decir la verdad en el momento adecuado, con las palabras adecuadas, delante de las personas adecuadas, para que lo que voy a decir sea efectivo cien por ciento.

He escuchado a amigos míos decir verdades tremendas, a veces, que nadie se anima a decirlas, pero las dicen en el lugar equivocado, de la manera inadecuada, y esa verdad no llega ni al treinta por ciento de la eficacia que podría haber tenido....

—¡*Pará, pará Silvano! ¿Qué tiene que ver todo esto de ser argentino y de no ser traicioneros ni hipócritas con la crucifixión y el sacrificio grande que Jesús hizo por nosotros?*

Tiene mucho que ver, porque cuando yo jugaba en el Independiente de Medellín (*el poderoso de la montaña*), equipo y ciudad que amo, recuerdo que vivía rodeado de tentaciones, de todo tipo, y eran tentaciones muy buenas, porque el diablo no tienta con lo feo y desagradable (*¿igual que en el Edén?, ¡sí!*), y yo no cedí a la tentación por una sola razón; hacia cinco meses que le había entregado mi vida y mi corazón a Jesucristo, aceptándolo como mi Señor y Salvador y por algún motivo, que ahora entiendo, pero no en ese momento, analicé el sacrificio de Jesús y quedé muy impresionado, no por lo que hizo, porque desde chiquito me lo habían enseñado, sino que el impacto en mi vida fue cuando llegué a la conclusión: *de que lo había hecho por mí*, y que si yo hubiera sido el único pecador en la tierra, él lo hubiera hecho igual.

Entonces cuando llegaba la tentación, pensaba: *Si tu Señor hiciste todo eso por mí, yo no puedo ser tan falluto, falso, traidor, tan desgraciado para fallarte*, de ahí en adelante, *la decisión era fácil*.

No podía traicionar así a Jesús, si yo cedía a la tentación, era como meterle la puñalada por la espalda, y eso en mi sistema de valores antiguos no existía, hoy mucho menos.

Él se sacrificó por mí, yo no puedo ser tan desgraciado para fallarle, fue y es lo que retumba en mi mente ante cualquier tentación, desde ese momento, la decisión sigue siendo fácil.

Por eso te animo a no menospreciar el sacrificio de Jesús y a nunca olvidarte que *lo hizo por ti*.

¿Por qué no le ofrecemos un sacrificio grande al Señor, crucificando nuestro orgullo, nuestro ego, y aceptamos que él lo hizo por nosotros porque nosotros solos no hubiésemos podido llegar a él jamás, ni hubiésemos podido vivir en armonía y unidad sin él?

3- Renunció a un derecho grande

Él era Dios, él tenía todos los derechos, parece como si a veces nos olvidáramos de quién es él.

Él tenía el derecho de decirle a los que los torturaban ¡no más! y ellos hubieran obedecido.

Él tenía el derecho de decirle a los que se burlaban de él cuando estaba clavado en la cruz, *¡en tres días hablamos cara a cara!* y sin embargo, lo inexplicable, habló, pero, no para exigir sus derechos sino para *levantar una oración en favor de ellos*; ¿increíble? ¿No? ¡Oró en favor de ellos!

Él tenía todos los derechos en el huerto de Getsemaní de pedirle al Padre un ejército de ángeles y no ser arrestado, él podía haberlo hecho.

Él tampoco tenía porqué quedarse callado ante Pilatos, ante Herodes y ante el sumo sacerdote, pero lo hizo.

Ante todas esas acusaciones falsas, él tenía el derecho de defenderse, y no lo hizo.

Él tenía el derecho de responder, y no lo hizo.

Él tenía el derecho de gritar, de insultar, de discutir, de pelear, de amenazar, de vengarse después de la resurrección, y no lo hizo.

Él tenía el derecho de arrepentirse y no dar su vida por esa clase de gente, y no lo hizo.

Cuánto me cuestiona todo esto, ¿no te pasa lo mismo?

Porque al analizar la vida de mucha gente que no está dispuesta a renunciar a un derecho grande, como el de discutir, pelear, gritar, amenazar, veo cómo el orgullo, el corazón del diablo, sigue haciendo estragos tremendos en las personas, en las familias, en las iglesias, en los barrios, en los países, en el mundo.

Desgraciadamente, vivimos rodeados por personas, que no están abiertas al amor y al ejemplo del Señor Jesús.

No están dispuestas a *hacer algo grande* como: dar el primer paso, tomar la iniciativa e ir a buscar al hermano, al amigo, al familiar ofendido y pedirle perdón, darle un abrazo, restablecer la unidad y así recibir todas las bendiciones prometidas por Dios.

¡Sí! Dar el primer paso, tomar la iniciativa es, definitivamente, hacer algo grande, Jesús lo hizo y él dice que nosotros debemos y podemos hacerlo también.

Vivimos también cercados por personas que no quieren, no es que no puedan, *ofrecer un sacrificio grande*, como el de crucificar su ego, su orgullo, como el de sacrificar *el que dirán*, tres grandes monstruos que, aún hoy, siguen destruyendo y devorando matrimonios, familias, amistades, arruinándoles sus relaciones y cerrándoles las puertas a la reconciliación.

Y sí, estamos en medio de una multitud de personas que están de acuerdo con todo lo que dice este libro, pero que a la hora de la verdad, no harán nada para ponerlo en práctica, porque están de acuerdo, pero, no están dispuestas a *renunciar a un derecho grande*.

Están de acuerdo, pero, no están dispuestas a renunciar al derecho grande de pelear, de defenderse, de vengarse, de responder, de discutir hasta las últimas consecuencias.

Y no solo no están dispuestas a renunciar a ningún derecho, sino que están esperando que *otro lo haga*.

¿Y por que yo?, que venga él, que se arrodille él, que se humille él, que se rebaje él o ella. Ten cuidado, no te olvides del ejemplo del Señor Jesucristo.

Con estos últimos pensamientos en mente, te invito a entrar en la última parte de este libro, donde veremos el remedio, la cura definitiva, la solución contra la división, *es algo revolucionario*, se trata del *perdón*.

¿Qué?, Silvano, yo esperaba una revelación de última hora, algo más original, pero tú dices «el perdón», todo el mundo habla del perdón, es un tema muy trajinado.

Explícame por favor, ¿qué tiene de revolucionario el perdón?

El perdón no solo es revolucionario, sino muy revolucionario, ¿por qué?, porque cada vez que aparece en escena transforma las cosas, por ejemplo:

- Produce sanidad donde había heridas
- Produce paz donde había tensión
- Produce amor donde había odio
- Produce unión donde había discordia
- Produce bendición donde había maldición
- Produce vida donde había muerte

En nuestro tiempo, el perdón es lo que más nos asemeja a Jesucristo, todo lo que produce es bueno y es igual de revolucionario al Señor, ya que el perdón es un regalo que proviene de él.

Perdonar es tan revolucionario que es difícil entender porque tan poca gente lo hace.

Quizás, entender el carácter revolucionario de Jesús, te ayude a querer imitarlo. Me encantaría que lo hicieras. No sabes la falta que hace en este mundo personas revolucionarias, que hagan lo que otros no hacen, que hagan cosas que producen bendición y vida, ¡cuánta falta le hacen a este mundo personas revolucionarias! Personas que sencillamente ¡imiten a Jesús!

Jesús era revolucionario

Jesús era revolucionario, solo voy a traer dos casos muy puntuales.

Primer caso: La mujer adúltera

Juan 8:3 -11

Los maestros de la ley y los fariseos llevaron entonces a una mujer sorprendida en adulterio, y poniéndola en medio del grupo le dijeron a Jesús: —Maestro, a esta mujer se le ha sorprendido en el acto mismo de adulterio. En la ley Moisés nos ordenó apedrear a tales mujeres. ¿Tú qué dices¿ Con esta pregunta le estaban tendiendo una trampa, para tener de qué acusarlo. Pero Jesús se inclinó y con el dedo comenzó a escribir en el suelo.

Y como ellos lo acosaban a preguntas, Jesús se incorporó y les dijo: —Aquel de ustedes que esté libre de pecado, que tire la primera piedra. E inclinándose de nuevo, siguió escribiendo en el suelo. Al oír esto, se fueron retirando uno tras otro, comenzando por los más viejos, hasta dejar a Jesús solo con la mujer, que aún seguía allí. Entonces él se incorporó y le preguntó: —Mujer, ¿dónde están? ¿Ya nadie te condena? —Nadie, Señor

— Tampoco yo te condeno. Ahora vete, y no vuelvas a pecar.

¡Ey, Jesús!, eso no está bien; de repente en el cielo se obra así, pero, acá en la tierra ¡no!, acá se hace lo que dice la mayoría.

Es cierto eso, porque creo que hay que ser valiente para ser cristiano, porque seguir a Jesús a veces te conducirá en contra de la corriente, otras te conducirá a Getsemaní, otras derechito a la tormenta, otras hacia la cruz, pero en todas él estará contigo y tu vida marcará la diferencia, será un impacto para todos los que te rodean, así como lo fue la de Jesús sobre esta tierra.

El era revolucionario, hacia cosas que nadie se atrevía a hacer, me encanta eso, me encanta imaginarme la cara de los que tenían las piedras en las manos, que verguenza, que ridículo el que hicieron ante la gente, me imagino los comentarios al otro día.... *"¡Que tipo, ese Jesús! con un par de palabras nos desarmó y nos hizo ver las cosas de una manera diferente, sin dudas será interesante volver a escucharlo."*

Segundo caso: El leproso

Mateo 8:1-4

Cuando Jesús bajó de la ladera de la montaña, lo siguieron grandes multitudes. Un hombre que tenía lepra se le acercó y se arrodilló delante de él — Señor, si quieres, puedes limpiarme —le dijo. Jesús extendió la mano y tocó al hombre. —Sí quiero —le dijo—. ¡Queda limpio! y al instante quedó sano de la lepra. —Mira, no se lo digas a nadie —le dijo Jesús—; sólo ve, preséntate al sacerdote, y lleva la ofrenda que ordenó Moisés, para que sirva de testimonio.

Jesús murió para restablecer la Unidad

Quiero que analices, bien detenidamente, estos sucesos.

Venía Jesús bajando de la montaña y lo acompañaba una multitud, todo transcurría dentro de la normalidad, todo el mundo estaba feliz, acababan de recibir un sermonazo, (*el famoso Sermón del Monte*), y de repente la normalidad y felicidad del momento se interrumpe con la aparición de, quizás, la persona mas despreciable del momento: *el leproso*.

No puedo imaginarme más que tensión, nerviosismo en las personas, caras de desagrado, manos que buscaban piedras para arrojárselas a este pobre leproso *desubicado*, porque ese, exactamente, no era su lugar.

Él no podía estar donde había gente *(aparentemente)* sana; caras de desaprobación y asco lo rodearon, pero parece que a él no le importó, es más, sospecho que ni las vio.

Su aparición no había sido casual. ¡Él sabía lo que estaba haciendo! Sin perder tiempo se arrodilló a los pies de Jesús. ¡Wow! ¡Qué momento!

Puedo hasta escuchar los pensamientos de la mayoría de los que rodeaban a Jesús.

—*¡No, Jesús!*, no se te ocurra hacer algo raro

—*¡Expúlsalo! Ordénale que se vaya*

—*¡Sácalo de aquí rápido, que no vaya a tocar a nadie!*

—*¡Por favor, Jesús, recuerda: la lepra es mortalmente contagiosa!* (¿*igual que la división y la amargura?*)

—*¡Mucho cuidado Jesús, uno a los leprosos no los escucha, los ignora, los evita!* (¿*igual que a los que causan divisiones?*)

—¿Jesús? ¿Jesús? ¿Jesús? ¡Oh, no! ¿Qué va a hacer? ¡Le está hablando!

El estupor era general.

—¡Oh, no! ¿Qué va a hacer? No, no, no, nooo... ¡ Si! ...

¡ Lo tocó! ¿Viste eso? ¿Cómo pudo haber hecho algo así?

Así es como me imagino este suceso, y sí, el final ya lo sabemos, la lepra desapareció, pero me quedo con la última, posible, pregunta del inconsciente colectivo de la multitud....

¡¿Cómo pudo haber hecho algo así?!

Esa es la pregunta que me cuestiona, que me cautiva, que me emociona, que me enamora, porque en el leproso veo mi vida antes de ser tocado por él, nadie daba dos pesos espirituales por mí, y él lo dio todo, es más, me escuchó y ¡me tocó! ¿Cómo pudo haber hecho algo así?

¡Sí, me tocó! ¡Me escogió! ¡No me juzgó! ¡No me apedreó! ¡No me evitó! solo me abrazó y me amó, aún hoy puedo sentir su continuo abrazo y su interminable amor: ¿CÓMO PUDO HABER HECHO ALGO ASÍ?

- El no juzgó, ni apedreó a la adúltera.
- El no juzgó, ni apedreó al leproso.
- El no juzgó, ni apedreó a la prostituta.
- Él era revolucionario, él fue en contra de la corriente religiosa que está mas atenta de guardar las formas que en amar.
- Él fue en contra de la corriente y comió con el estafador y el ladrón.
- Él fue en contra de la corriente y le dio duro a los que aparentaban piedad, pero no la conocían.
- Él fue en contra de la corriente y le concedió una petición a un centurión romano.
- Él fue en contra de la corriente y sanó una suegra ¡eso sí es ser revolucionario!)
- Él fue en contra de la corriente y escogió como uno de sus discípulos a un traidor recaudador de impuestos.
- Él fue en contra de la corriente y sanó en un día sábado.
- Él fue en contra de la corriente y perdonó al que lo negó.
- Él fue en contra de la corriente y perdonó al asesino.
- Él fue en contra de la corriente y perdonó a los que lo abandonaron.
- Él fue en contra de la corriente y perdonó a los que se burlaron, perdonó al que le dio de beber vinagre, perdonó a los que se robaron sus vestidos, perdonó a los que lo mataron.
- Él era revolucionario y fue en contra de la corriente y me perdonó a mí ¡y te perdonó a ti! ¿CÓMO PUDO HABER HECHO ALGO ASÍ?

¿Cómo pudo, a través de su sacrificio, proveer tanto perdón, tanto amor, que parece crecer con el paso del tiempo?

¿Cómo pudo haber hecho algo así? Me quedé pensando en las veces que, quizás, con alguna acción, arranqué esta exclamación de alguien hacia mí.

Recuerdo, en mi primer época de jugador de fútbol profesional, en Argentinos Juniors, donde tuve el privilegio de jugar al lado de Diego A. Maradona, para mí el mejor jugador que haya existido, realmente no sé si Dios hará otro así, porque estoy seguro que Dios creó a Diego y le dio ese talento y seguro tendrá un propósito con su vida, tal como lo tiene con la mía o la tuya.

Recuerdo que en cada entrenamiento o partido, él arrancaba, no solo de mí, sino de muchos, esa exclamación: *¿Cómo pudo haber hecho algo así?* Hacía con la pelota cosas que nosotros ni en sueños podríamos lograr.

Pero, Diego, arrancó de mí esa exclamación en otros momentos, que quizás pocos percibieron, por ejemplo, en su amor hacia su familia, su lealtad con nosotros sus compañeros, porque él no peleaba por su plata (esa estaba segura), él peleaba por la nuestra.

Eso desde la óptica de mis, apenas, diecisiete años y arrancando mi carrera de futbolista, marcó mi vida y mi liderazgo para siempre, y claro que lo pensé «no tenia necesidad de hacerlo, pero... lo hizo». (Gracias Dieguito, Dios sabe cuánto te aprecio, donde estés recibe el más cariñoso y agradecido abrazo.)

Ya que estoy hablando de fútbol, permíteme contarte un recuerdo más, donde, quizás, logré arrancarle esa exclamación a una persona.

Este había sido técnico mío en Millonarios de Colombia (vamos Millos todavía), Jorge Luis Pinto, el *profe* como le dicen.

Tuvimos un encuentro bravo con él. Eso sucedió en el año 1984. Yo llegué siendo muy jovencito a Colombia, aunque venía de jugar al lado de Diego, de ser el capitán de la Selección Juvenil de Argentina, de estar en la Selección con Carlos Bilardo (gran tipo), y el *profe* con apenas, creo, treinta y dos años, agarraba su primer equipo después de haberse preparado en Alemania.

Quizás mi carácter indómito, mi sinceridad argentina (equivocada = imprudencia), mi orgullo y mi arrogancia chocaron de frente con su inexperiencia como técnico, era obvio, le faltaba vestuario, pero le sobraban conocimientos, y le sobraba personalidad, creo que hoy por hoy, si no es el mejor técnico de Colombia está entre los tres mejores, y bueno, tuvimos problemas fuertes, creo que los dos éramos un poco... (¿*un poco , Silvano?*) (*ey, no te metas en mi historia*), soberbios y nunca hubo reconciliación, ni nada que se le parezca.

En el año 1987, yo jugaba en el Independiente de Medellín y Jorge Luis Pinto, el *profe* dirigía Independiente de Santa Fe en Bogotá. En ese momento yo tenía como 8 meses de cristiano, mi vida había sido tocada y cambiada como la del leproso, y cuando llegó nuestro primer encuentro contra el Santa Fe, en Bogotá, toda la semana previa sentí la carga en mi corazón, tenía que ir a pedirle perdón al *profe* y así lo hice.

Llegamos temprano ese domingo al estadio «Nemesio Camacho, el Campín», dejé mi bolso en el vestuario, y salí por el pasillo directico hacia el vestuario de Santa Fe, cuando voy por la mitad veo que el *profe* sale de su vestuario y me le fui derechito, lo intercepté en pleno pasillo, y lo enfrenté, yo no sé lo que él habrá pensado, ni la gente que estaba alrededor, no me importó, yo estaba como el leproso; necesitado de perdón. Lo paré y solo le dije: *Profe , lo único que quiero es pedirle perdón, en serio, perdóneme por todo lo que lo ofendí*, y le estiré mi mano, él no me miraba, se demoró cinco eternos segundos (*cinco segundos en un pasillo de un estadio de fútbol para dos protagonistas es eterno*) para darme la suya, y vi un brillo raro en sus ojos (*¿se le aguaron los ojos , profe?*), siempre lo pensé y acá si cabe; ¡que chévere!

Bueno, eso fue todo, me di vuelta y volví a mi vestuario con una sensación de victoria, con un sentimiento raro, había hecho algo que casi nadie hace.

Estaba feliz y ni siquiera me quede ahí parado diciéndole*: Bueno profe, ahora le toca a usted.*

Nada que ver, el perdón no es un problema entre dos personas, es un problema entre una persona y Dios; cuando yo perdono o pido perdón, libero mi vida, arreglo mis cuentas con Dios, los cielos vuelven a abrirse sobre mi vida.

Son muchísimos los que no entienden esto y no perdonan porque creen que le están haciendo un favor a la otra persona y dicen: *¿Y por qué le tengo que pedir perdón si él también me ofendió? y él lo hizo primero, además no se merece que lo perdone.*

Mira, cuando tú perdonas o pides perdón el beneficiado eres tú.

No volvimos hablar con el *profe*, nos cruzamos un par de veces y tuve la sensación de estar hablando con un amigo que me apreciaba de verdad, que con su deferencia, amabilidad y aceptación me estaba informando que entre nosotros la unidad había sido restaurada.

¡Gracias, profe, por haber sido parte en mi formación como persona y por haber participado en mi vida en épocas tan diferentes. Usted sí puede decir «yo lo conocí antes y después de Cristo!».

De verdad anhelo que por sus pensamientos pueda haber pasado: «*¿Cómo pudo haber hecho algo así?*», sus acciones posteriores me hacen sospechar que así fue, gracias por todo y hasta cualquier momento.

Con sucesos como estos he podido comprobar en mi propia vida el poder restaurador del perdón; el perdón sana; el perdón restaura; el perdón reconcilia; el perdón une; «el perdón hace lo que nada ni nadie puede hacer», por eso el perdón es revolucionario, necesario, vital y urgente.

Perdonar no es olvidar, a veces nos equivocamos al pensar que, como no volvimos a ver a la persona con la que tuvimos el problema y nos olvidamos… eso quiere decir que perdonamos.

¡Ten cuidado! porque en cualquier momento una repentina aparición de la persona en cuestión, puede sacar a la luz una herida mayor y la consiguiente decepción emocional, es como un volver a empezar con el mismo problema, pero ahora magnificado.

Perdonar no es olvidar, quizás cuando perdonamos puede ser que nos olvidemos, a veces sucede, pero *créeme*, cuando *perdonás* de corazón no te va a importar si olvidas o no.

Otras veces sucede que dudamos si hemos perdonado a una persona, porque cuando la volvemos a ver, el dolor y la incomodidad emocional vuelven a aflorar; no necesariamente la presencia del dolor implica «no perdón»; son muchos los que perdonan pero no sanan sus emociones, debo confrontar, de la mano de Dios, el dolor de la ofensa, y permitirle al Señor, sanar mis emociones.

Perdonar es de valientes; no digo que es lo más fácil de hacer, pero siempre me ha inquietado lo radical que es Dios en este punto, por ejemplo mira conmigo…

Mateo 6:14-15

> *Porque si perdonan a otros sus ofensas, también los perdonará a ustedes su Padre celestial Pero si no perdonan a otros sus ofensas, tampoco su Padre les perdonará a ustedes las suyas.*

Dios no deja opción. ¿Por qué quiere humillarte? ¡No!, Sencillamente, él sabe lo dañina que es la división, y de alguna manera asume su rol de papá, y tal cual hacemos nosotros con nuestros hijos cuando ellos están enfermos, que queremos que sí o sí tomen el remedio, porque sufrimos demasiado viéndolos enfermos, lo mismo es con Dios, él quiere que sí o sí perdonemos, para que podamos tener y disfrutar familias sanas, amistades sanas, matrimonios sanos, relaciones entre padres e hijos sanas, a Dios le fascina vernos felices, no creas lo contrario, ni por un segundo.

—*¡Está bien Silvano!, yo quiero el remedio, yo quiero todo esto, pero no hay alguna manera de hacerlo que sea fácil, mejor dicho: ¿Cómo lo hago?*

Bueno, sí hay una forma, no sé si es fácil, sé que difícil tampoco es, pero yo he visto muchísimos excelentes resultados; Dios me ha regalado una manera factible de perdonar, no es un método, es solo una manera factible de hacerlo.

Consta de tres puntos
1) DECISIÓN
2) ACCIÓN
3) VERDADERO SENTIMIENTO

1) DECISIÓN

Perdonar es una decisión, es una opción, escojo perdonar y ser libre o no perdonar y sufrir.

Es una decisión que debo tomar con mi voluntad, no la puedo tomar con mis sentimientos ni con mi mente, ya que estos son fluctuantes, cambian y por ende «no son confiables».

Hoy siento una cosa, mañana otra, hoy pienso una cosa, mañana otra, esto sucede a cada rato, no nos podemos sentir mal por eso, sencillamente debemos aceptar que la mayoría de las veces que nos equivocamos, es porque nos dejamos guiar por nuestros sentimientos o por nuestros pensamientos, que están en continuo bombardeo y cambian continuamente.

Yo lo voy a perdonar cuando lo sienta, nunca vas a sentir perdonar y si la falta es medio grave, menos.

Ahora tenemos un problemita, Dios no nos dice: «Está bien, cuando lo sientas hazlo», no, no, él dice «lo tienes que hacer».

Aquí queda expresada, quizás, la lucha más brava de las personas: *vivir por sentimientos o por principios.*

El mundo te va a empujar a vivir por sentimientos, con el pretexto de que todo el mundo lo hace, no le gusta que seas revolucionario.

Dios espera que vivas por principios, esos principios están en su Palabra y nunca van a cambiar *son confiables.*

¿Escuchaste decir de alguien?: «Esa es una persona de principios»; a nadie se le ocurre proponerle una cosa indecente, porque ya sabe que le va a ir muy mal.

Cuando decido perdonar con mi voluntad, lo hago para agradar a Dios y lo hago a solas con Dios en oración, esto implica que dejo temporalmente, por fuera, lo que siento y lo que pienso, recuerda: estos dos no son confiables, al hacerlo entro en el punto #2.

2) ACCIÓN

La decisión está tomada, yo he decidido perdonar con mi voluntad sabiendo que estoy dejando por fuera, temporalmente, lo que pienso y lo que siento.

Ahora viene la acción, debo actuar de acuerdo a la decisión tomada, *debo ir* a buscar a la persona que me ofendió.

(¡Para Silvano! ¿Cómo así que yo debo ir a buscar al que me ofendió, no se supone que él debe venir a buscarme a mí?)

¡No señor! no te olvides, estás haciendo algo revolucionario, que casi nadie hace, vas a hacer algo grande, vas a tomar la iniciativa.

Pongamos un ejemplo grosero; digamos que éramos compañeros de estudio y *vos* le pegaste a mi mamá (está *muy drástico, ¿no?*), nuestros amigos te salvaron la vida, y obvio, que la amistad se acabó y mi ayuda también, porque el inteligente en este ejemplo era yo.

Ahora ¿que hago?, no siento perdonarte, siento odio y deseos de venganza, todo el día pienso en el momento en que me las pagues.

Un día me encuentro con Dios y me dice:

—¿*Cómo anda tu relación con fulanito?*

—¡Umm!, no muy bien.

—*Lo tienes que perdonar.*

—Está bien Señor, cuando lo sienta, lo perdono.

—*Creo que no entendiste, yo no puedo bendecirte hasta que no lo perdones.*

—Pero Señor, si yo no le hice nada, fue él.

—*Estás atado a él y la falta de perdón es pecado*

—¿Qué hago?
—*Toma la decisión de perdonar, con tu voluntad.*
—Está bien Señor, ya lo hice y ¿ahora?
—*Actúa de acuerdo a la decisión tomada, haz algo grande, toma la iniciativa, ve.*

Voy busco a mi ex amigo, hay tensión, mi mente me dice *no desaproveches esta oportunidad, ahí lo tenés cerquita, agarralo del cuello*, no tengo sentimientos de perdón, siento la misma bronca que antes de tomar la decisión, pero he tomado la decisión con mi voluntad, dejando a un lado lo que siento y lo que pienso.

Me acerco y le digo «quiero que sepas que te he perdonado» (ya lo he hecho a solas con el Señor), y que *volvés* a tener mis apuntes y lo que necesites, media vuelta y *chau*.

Sigo actuando conforme a la decisión tomada y pasan unos meses y llegando los finales, por allí pasa mi ex amigo, lo llamo y le digo:
—Mira, aquí tienes estos apuntes, creo que te van a servir para el examen.

De repente no me siento muy bien.
—¿Qué es lo que acabo de hacer?
—Le diste unos apuntes
—No, no, no es eso... se los di...
—Sí, eso es lo que acabo de decir...
—¡No!, hay algo que no está bien. ¿¡Me nació dárselos!?, ¡Y no, yo quiero sentirle bronca!

No hay nada que puedas hacer, acabas de llegar al punto #3

3) EL VERDADERO SENTIMIENTO

No hay nada que hacer, ha nacido el verdadero sentimiento *y este no tiene retorno*, por más que te esfuerces en recordar lo que te ofendió, para volver a tomar bronca, nada, ya ha nacido el verdadero sentimiento y este no tiene retorno, solo va hacia adelante, solo crece, no hay manera de pararlo.

Los verdaderos sentimientos nacen de los principios.

Cuando decidimos vivir por principios, al ponerlos en práctica, estos perfeccionan los sentimientos.

Frase matadora: Los principios perfeccionan los sentimientos.

Los sentimientos destruyen los principios.

Cuando se ponen los sentimientos por delante, generalmente, se destruyen los principios, esto queda plasmado en el creciente índice de divorcios actual, el principio: *Hasta que la muerte nos separe* ha sido reducido hasta convertirse, lastimosamente, en un mero dicho popular y dejando de ser, para muchos, el principio dado por Dios para la estabilidad de las familias.

Recuerda tres puntos sencillos que no son un método, sino una manera factible de vivir por principios, estos los encontrarás en la Palabra de Dios, algunos de ellos son: *amar; perdonar; obedecer; respetar las autoridades; honrar a los padres; decir la verdad; respetar la vida; etc.*

Cualquiera de estos principios pueden producir verdaderos sentimientos, toma la decisión con tu voluntad, actúa de acuerdo a la decisión tomada y antes de que te des cuenta nacerá el verdadero sentimiento.

Créeme, es posible vivir una vida de perdón, una vida en unidad y armonía.

Perdonar es revolucionario, porque casi nadie lo hace, no es lo común en el mundo de hoy.

No escuchamos ni vemos en radio o televisión a los países pidiéndose perdón y uniéndose, al contrario, cada vez que oímos que se organiza alguna alianza o unidad es para hacerle la guerra a otros.

No es lo común que se ve en las familias, entre padres e hijos, entre hermanos, entre amigos, entre las iglesias, entre compañeros de trabajo.

Por eso te animo a que te conviertas en un revolucionario como Jesús, nadie espera que pidas perdón. ¡No me lo ocultes! *Decime* si no te atrae la idea de sorprender a conocidos y a extraños, siendo el primero que se levante, pero no para reclamar derechos, sino para pedir perdón o perdonar.

Quiero terminar regalándote, quizás, la mejor definición acerca del perdón que he escuchado en mi vida, la dio un ciego cuando le preguntaron acerca de qué era el perdón para él, luego de pensar unos minutos respondió lo siguiente, que impactó mi vida: «El perdón, es el perfume que emana una flor al ser pisoteada».

Espero que tu vida, a través del perdón, esté emanando una fresca y agradable fragancia, y no el tóxico, desagradable, y ácido aroma de la división.

Porque no te animas a decirle: *Stop* a la división, *Stop* al dolor, *Stop* a las heridas, a la amargura, a los distanciamientos con personas que amas, *decile Stop* a la ruina y destrucción que vienen con la división, te aseguro que hay una vida, increíblemente buena esperándote más allá del perdón y de la unidad.

Empecemos desde hoy mismo a producir en otros la tan ansiada exclamación: ¿Cómo pudo hacer algo así? al poner en funcionamiento la restauración de la unidad; y no te olvides que Dios ha prometido conceder bendición y vida eterna donde se dé esa armonía y unidad; qué bueno sería que fuera tu hogar el primer lugar donde Dios derramara todas esas bendiciones.

Dale, decile : *STOP A LA DIVISIÓN… Pensalo… Chau!*

**To divide is to die
to forgive is to live**

to DIVISION

Dr. Silvano Espíndola

Index

Chapter 1
Jesus never wasted his time nor his words 93

Chapter 2
Without unity there is no blessing 95

Chapter 3
Man was created to live in unity
and harmony with God 99

Chapter 4
God is final, serious and conclusive on this topic 127

Chapter 5
Jesus died to reestablish unity. 143

Index

Acknowledgments

This book es dedicated to my wife Patricia,
and my five beautiful children:
David, Pablo, Marcos, Silvana and Timoteo,
they are the most wonderful and most important thing that
God has given me, with whom I share,
and enjoy a warm and loving home.

To the Lord, for using me.

To my pastor Dario Silva-Silva, because
he has been an inspiration to me.

To my friend Esteban Fernandez, for motivating me
to give out some from the many things that God has given me.

To everyone who helped me become a better person.

Divide and conquer

"Divide and conquer"…is a sad and dangerous old proverb. Sad because it's a lie and somebody might actually believe it (*and if somebody believes a lie, they will live a lie and, therefore, their life will be a loss*). I consider it dangerous because it causes destruction. Nobody divides if he wants to conquer - he who divides brings about suffering.

I say it's dangerous and destructive because there is nothing that produces as much pain, resentment, bitterness, and causes so many wounds and division, among families and friends.

I believe it's time to say STOP to DIVISION. I don't know what you think, but I believe you would agree with me that it is not normal for families, siblings, friends, churches, neighbors, countries, etc., to live in conflict, with their relationships broken and distant. In many cases they don't even want to see each other. …Hmm…that *doesn't sound normal to me.*

STOP…is an invitation to slow down the crazy rhythm of your life; to think, reflect, and analyze whether or not every day that goes by without enjoying your estranged family, hurting brothers or broken friendships is a loss…. Believe me, there is another kind of life reserved for you and your family, one in which you can enjoy the good and excellent benefits of harmony and unity.

You might ask… what motivates me to write about division? Well, it comes from years of watching the destruction of families and friends caused by division in the heart. Years of treating families that were destroyed and separated, in which some of the members would no longer speak to each other…(*and you may have noticed that where there are two in a dispute, it is not only the two who suffer, but the entire family*)…because something unpleasant happened and there was never a reconciliation, there was never forgiveness.

Regarding this last point, I would like you to understand that it is super-important that you reconcile and forgive. In these matters "time does not heal, nor does it solve anything." It only deepens the pain and the wounds, increasing the differences. It is not forgotten, neither does it bring relief. **It continually hardens the heart, making it cold and taking it to the point of no return, of believing the lie that there is no solution.**

I am also motivated to write about this topic because of the pain of many parents that have let years go by without speaking to their children because of situations that occurred long, long ago. *"Hey! Dad, don't you think it's time to make up? Why keep on wasting time? Why not enjoy the love and the company of your children? Hey! Son, why are you waiting to run and tell your parents how much you love them, wrap your arms around them and give them the hug of your life?"*

Another point that drives me to write about this topic is the tears brought about by the death of a loved one, family or friend. Knowing it's too late to "make things right," not being able to express to them those words of forgiveness, realizing how much time has been wasted and that, unfortunately, it is too late to do anything about it.

Finally, I'm driven by God's point of view on this topic and by His Word. You may be surprised to see how clear, complete, current, and applicable it is to our everyday life. Surely, you will agree with me, even before finishing this short book, that it is imperative, urgent and necessary to understand this topic.

How many good times have been stolen by division! How many good relationships have been broken? How many meaningless arguments? How many marriages and families have been destroyed? How many people have given new meaning to the famous saying: "Nobody **appreciates what they have until they lose it**!"

If the saying "Divide and Conquer" were signed by its author, we shouldn't be surprised to read: "Sincerely: The Devil."

...That they may be one...

The more I read, investigate and analyze what intellectuals have written regarding this topic, the more I hold on to the request that the Lord Jesus made to his Father in His famous prayer. He included, not only his disciples, but the entire world and among the entire world, especially you and me.

John 17: 21 that all of them may be one...
> I have given them the glory that you gave me, that they may be one as we are one:
>
> I in them and and you in me. May they be brought to complete unity to let the world know that you sent me and have loved them even as you have loved me.

"Father, that all of them may be one." "May they be brought to complete unity." Wow!! Don't you think this prayer is incredible? If it doesn't seem that "Wow!" to you, give me a few minutes so that together we can reach the conclusion that this isn't only incredible, but also necessary, urgent, vital and very important.

-Wait a second, Silvano! Do you really think this prayer is that important? Because I still don't see it that way...

-Like I said, give me a few minutes. Let me show you with a few simple points how easy it is to understand. Surely when you understand it, you'll feel the urge to do something about it immediately.

-But...

-Stop! I already told you, have a little patience...patience because here comes the first point.

Chapter 1

Jesus never wasted his time nor his words

What would you do if they told you: *"You have three years to develop a doctrine which, through your words and actions, will guide millions of people from the day of your death onwards..."* What a responsibility!

You would have to carefully think about every word and action you take.

Thoughts like these have led me to dig deeper and to see the importance of this prayer. Jesus was at one of the most crucial moments of his life and ministry here on the earth. He knew that He didn't have much time left. I think He understood very well that this prayer would be analyzed by millions and that it would be considered one of the most important prayers of his life and ministry.

He could have asked for anything

I'm convinced that He must have put a lot of thought behind this prayer before asking the Heavenly Father. I'm sure He must have done an in-depth analysis of the problems of humanity, the strengths and weaknesses of His creation. He had seen and experienced in the flesh how mankind lived, their struggles, their deepest needs, and I'm absolutely sure that it wasn't difficult for Him to offer this prayer:

"Father keep them, clean them and protect them...THAT THEY MAY BE ONE." Hey, this is very serious! Think about this - **HE COULD HAVE ASKED FOR ANYTHING!!!**

What would you have asked for? You can analyze the world around you using the snail method - you start with yourself, your family, your relatives, your neighbors, your friends, your city, your country, the world, observe how they live and what they need most. I'm sure that if you did a serious and responsible analysis you would reach the same desire that Jesus had...**unity**.

Let's take a closer look

- *Jesus* could have asked "that they....may be **...powerful...**" Hmm! Power without unity = War

(any similarity to reality is not a coincidence).

- *Jesus* could have asked...."that they may be**...rich...**" Surely our greedy and miserable nature would say "Hey, great!" Why didn't He ask for that? That sure would solve a lot of my problems... hmm... money without unity = egoism, envy, loneliness.
- *Jesus* could have asked...."that they may be**...many, kind, thankful, loving...faithful...**" and so much more, but none of this succeeds where there are broken relationships, resentment, conflict, division... **nothing prospers without unity**.
- *Jesus* could have asked for anything....but He only said: "Father, that they may be one!!" That there may be harmony! That they may not live in conflict! That there shall not be division among them! That they shall not let enmity reign among them! That they shall not give Satan opportunities to ruin their lives!

"Lord Jesus, you are illogical to us, or... you definitely knew what you were asking for and you didn't waste your time or your words."

Chapter 2

Without unity there is no blessing

I am so impressed by the promptness and certainty of what God says in His word that it is impossible to ignore it in any topic we cover. For example, let's take a look at how clearly Psalm 133 discusses division and unity.

Let's see... Psalm 133...

> How good and how pleasant it is when brothers live together in unity!
>
> It is like precious oil poured on the head, running down on the beard, running down on Aaron's beard,
>
> It as if the the dew of Hermon were falling on Mount Zion. For there the Lord bestows his blessing, even life forevermore.

Here God presents something that we cannot ignore. First, because it is His word; second, because it is so real, so day-to-day, so precise, so close to us, so applicable to...you...and to me.

This is a verse that must be analyzed both forwards and backwards.

We see in verse 1, **"how good and how pleasant."** Because it is so repetitive, it is talking about something really good, about quality of life. This is difficult to express with only one word. So what is it that is so good and pleasant.. **"when brothers live together in unity"** - that they live together in unity, not in hostility?

Later we see an illustrative comparison to facilitate the understanding and closing of this short but tremendous Psalm. He uses the killer phrase... **"For there the Lord bestows his blessing, even life forevermore."**

So not only is it incredibly good and pleasant to dwell in unity, but when this happens, no matter where....God pours out his blessing and eternal life...**Attention! Only where there is unity.**

This last part opens the door to take a look at this verse from another angle, the negative side.

It would say something like... **"How bad and unpleasant it is that brothers live together, in division, conflict and disagreement... where there is division, conflict, disagreement, the Lord will not bestow His blessing or anything;"** to put it softly.

Unfortunately, there are a lot more people who live in division, separated because of conflict and dissension, than those who live in unity and harmony.

It's sad to admit that for some people, living in conflict, separated emotionally and physically, with division inside the family, has become something "*normal.*" Don't you think it is time to say STOP to division and start closing the gaps? Begin the process of reconciliation and give the Lord the opportunity to bestow this blessing that we so much desire?

There is another verse that shows Psalm 133 working in the daily lives of people. It is the following..."

Acts 4:32-35

> *...All the believers were one in heart and mind. No one claimed that any of his possessions was his own, but they shared everything they had.*
>
> *With great power the apostles continued to testify to the resurrection of the Lord Jesus, and much grace was upon them all.*
>
> *There were no needy persons among them. For from time to time those who owned lands or houses sold them, brought the money from the sales and put it at the apostles' feet, and it was distributed to anyone as he had need.*

Here we see the first Christians living in a strong and special unity. The blessing of the Lord was there in a strong and special way, touching people: **inside and out**; with both spiritual and material blessings.

- Spiritual blessing: there was power, healing, absence of fear, miracles, signs and abundant grace.
- Material blessing: It was absolute - there were no needy among them.

This is definitely very serious and it is important for you to start to believe it. **"Where there is unity there is blessing."** I believe that the blessing received is directly proportional to the unity that exists. Therefore… **"where there is no unity, there is no blessing**," since the curse is also proportional to the division.

Every day I am more convinced that the Lord Jesus knew exactly what he was asking with His prayer … "Father, that they may be one."

Chapter 3

Man was created to live in unity and harmony with God

Any serious analysis regarding the fundamental issues facing mankind necessarily forces us to turn our eyes to the life of Adam and Eve. Simply, that is where the we find the root of mankind and, above all, how life was before sin.

Little is known and even less is said regarding the life of Adam and Eve before the fall (i.e., before sin). Everyone focuses on life after the fall because everything the world has lived through up to today is directly connected to this event and the promise of redemption later fulfilled in the life, death and resurrection of Jesus Christ.

However, we fail to notice that *the promises of a different and abundant life*, those that come when we receive within ourselves the Author of Redemption, are *a reflection of Adam and Eve's life before the fall*.

Over the next few minutes, I invite you to analyze with me life in Eden before the fall. I can assure you of two things:

One...That you will be surprised to see how life in Christ, after receiving Him and through Him the forgiveness of our sins, is an exact parallel to the life of Adam and Eve before sin, and

Two...You will discover that the God who loves you is a perfectionist.

Are you ready for a trip to Genesis? I hope you brought your backpack full of imagination so we can enjoy it to the fullest…Let's go!!!!!!

1* A UNIQUE AND SPECIAL BEING

> <u>Genesis 1:27</u>… *"So God created man in his own image, in the image of God he created him; male and female he created them."*

My wish is that you personally review each one of the following definitions, because directly or indirectly they are talking about you. I am talking about you; it is talking about me; it is talking to me.

There is no doubt that the pinnacle of God's creation is man. Man is the only being created in His own image (in His image and likeness, NOT HIS EQUAL; as His image, His reflection, we must reflect God's nature, His likeness. We are alike but not the SAME).

A unique being. In **<u>Gen. 2:7</u>** we find a description of man's creation. "…**and breathed into his nostrils the breath of life**…" Man is the only spiritual being, the only being with the ability to communicate with God. (It is necessary for man to be spiritual.) Are you seeing what I'm seeing? Yes!! We're special!! That's the way we should see ourselves and that's how we should live.

(Now that I understand this, I ask myself: "Where is there room in our lives for low self-esteem or an inferiority complex?")

Without a doubt, Adam and Eve had a correct identity based on the Word of God.

Through Christ Jesus, man's correct identity as it was in Eden is restored. It enables us to live with a strong self-esteem that is not necessarily have based on what we have, or on what others say, but on what God says we are.

2* BLESSING

> <u>Genesis 1:28a</u>… *"God blessed them and said to them, 'Be fruitful and increase in number…'"*

Man was created to live in unity and harmony with God

Life in Eden had the sign of blessing. Under this blessing, God can remove sterility from our lives. I'm the father of five beautiful children – David (12), Pablo (11), Marco (6), Silvana (4), and Timoteo (2 months).

My precious wife, Patricia, and I have seen the reality of **Psalm 127 verses 3-5** in our lives. God tells the truth regarding children:

> ... Sons are a heritage from the Lord (they aren't a mistake), children a reward from him.
>
> Like arrows in the hands of a warrior are sons born in one's youth.
>
> Blessed (it does not say 'unhappy or unlucky') is the man whose quiver is full of them. They shall not be put to shame when they contend with their enemies in the gate."

The truth is that you can't add much to such a clear definition, only a personal reflection. Children, wherever they come from... "*are a gift from God.*" (By this I don't mean that I'm against responsible family planning. Neither do I want you to say: "Well, from now on I'm going to start to have children irresponsibly." That's not the point.) I say this because there are more than a few that, as parents, believe the opposite. Children may feel bad because they are led to believe they were an accident. You are a blessing. That's what God says. I mean, that's the truth. (If you have any doubts, I recommend you read "**A Purpose Driven Life**" by Rick Warren.)

3* AUTHORITY

> *Genesis 1:28b*... "...*fill the earth and subdue it. Rule over the fish of the sea and the birds of the air and over every living creature that moves on the ground.*"

Adam and Eve had authority delegated from God. This authority, lost in the fall of man, is restored through Christ Jesus, who extends it in His name, even in the spiritual realm. This is clearly stated in...***Luke 10:17-20:***

> *The seventy-two returned with joy and said, "Lord even the demons submit to us in your name."*
>
> *He replied, "I saw Satan fall like lightning from heaven.*
>
> *I have given you authority to trample on snakes and scorpions and to overcome all the power of the enemy; nothing will harm you.*
>
> *However, do not rejoice that the spirits submit to you, but rejoice that your names are written in heaven."*

I can imagine the disciples filled with excitement, their hearts pounding as they tell Jesus what happened. *"Lord, please sit down, because you're not going to believe what happened to us! Even the demons submit to us in Your name."...What! I can't believe it! (Do you think that could have been Jesus' response?) (I think the Lord's answer must have been: " Yeah, guys, that's obvious. That's why I gave you the authority.")*

Anyway, the Lord affirmed their authority but also put things in perspective. It is normal that the demons submit to you in my name, but don't let that distract you. Do not make this event your goal in life or your cause of joy. I give you permanent reason to rejoice. This reason does not depend on any spiritual or material results - "**rejoice that your names are written in heaven.**"

Talking about authority, I remember a story about a small friend (small because of his height). When he entered the police force, he did all the training. Finally, they gave him his uniform, his baton, a whistle and his first mission, which terrified him when he first heard it.

- *"Go to the intersection of 12th and 46th Avenue, where the traffic light isn't working, and direct the traffic."...*
- *But... I can't do that. They're not going to obey me. (wrong identity)*
- *You just have to go and stand in the middle of the street, raise your hand when you want the traffic to stop and give a loud blow with your whistle.*
- *But...*
- *"That's enough!... Just go do it.*

He went and stood just as they told him. Just as a giant truck was coming right at him, he lifted up his hand, put the whistle in his mouth and blew. He covered his eyes and said good-bye to this cruel world. Right away, he heard the screech of tires braking and then silence. Little by little he removed his hands from his eyes to see if he was in heaven. To his surprise, not only had the truck stopped, but everyone else had stopped also and nobody was moving. When it dawned on him that they were awaiting his orders, he continued and, seeing that everybody obeyed, his confidence returned and he finished the day with incredible joy.

When he got home, he grabbed his wife and told her: "Sit down, because you're not going to believe what happened to me!" He told her everything. Not satisfied, and motivated by the emotion of what had happened, he grabbed his whistle, took his wife by the hand and took her to the same intersection. By this time the traffic lights were already working. He put her in a good location so she wouldn't miss the slightest detail of the heroic deed he was about to perform.

As the first truck approached, he looked at his wife through the corner of his eye. She was watching him and getting more and more nervous, which motivated my little friend even more. Standing in an exaggerated posture, he extend his hand in front of a truck that was heading straight for the green light and blew his whistle as loud as he could. He didn't hear any tires screeching, only the screaming of his wife. If it weren't for quick reflexes he wouldn't have been able to jump out of the way of the truck so quickly, receiving only a minor scrape from the truck and some cursing from the truck's driver.

Struck not only in his body, but also his pride, he silently returned to his house. He was escorted by his wife, who had an unbelieving look on her face and still couldn't understand what she had just seen.

The next day, when his colleagues were asking him about the obvious bruises on his body, he told them what had happened. He didn't hide the fact that he didn't understand what had gone wrong. He had only repeated the same thing he had done in the morning, but with different results.

His colleagues couldn't believe what they heard and, motivated by mercy, they gave him the right perspective (the same thing that Jesus gave to his disciples). **It's not the whistle, neither is it yourself. It's the uniform that gives you authority.**

It's not we ourselves, what we say or how hard we do it or say it. It's having the spiritual uniform, which is the Lord Jesus Christ living in our hearts. He is the author and giver of all authority.

Never forget the almost fatal story of my little friend and the truth that Christ restores the authority given to man in Eden.

4* PROVISION

> *Genesis 1:29*... "Then God said, 'I give you every seed-bearing plant on the face of the whole earth and every tree that has fruit with seed in it. They will be yours for food.'"

One thing they surely didn't worry about in Eden was food, since it was provided by God. Provision was part of Adam and Eve's life before the fall.

It is obvious that part of the blessing of the life prepared by God for His creation was his supplying their survival needs. God didn't create man and let him loose on the earth with a pat on his back and a fraternal and worldly: "Good luck! Try to do your best to survive."

Whoever thinks that God left man free on earth really does not know God or understand His love, His kindness and His faithfulness.

Throughout His Word, God has shown His love, faithfulness and provision to His often inconsiderate, ungrateful and quarrelsome people. Take note of some specific cases: "*Manna, bread from heaven, water springing from the rock, quail to satisfy a people desperate for meat; the oil of the widow; the ravens that took food* to the prophet Elijah; in the middle of instructions on how to pray, Jesus said to his disciples in Matthew 6 verse 8 *"Do not be like them, for your Father **knows what you need before you ask him**.";* in **Matthew 6:31-32:**

> *"So do not worry, saying, 'What shall we eat?' or 'What shall we drink?' or 'What shall we wear?'*
>
> *For the pagans run after all these things, and your heavenly father knows that you need them."*

I want you to observe the reference to God in both portions of the Gospel of Matthew. It doesn't say: the Lord, the Almighty, the Highest. He identifies Himself as our Heavenly Father.

God assumes all the responsibilities of a father, and these include "provision." The least that any father would do is to provide the basics for his children: food, water and clothing.

As if this wasn't enough, He seals everything with a tremendous promise in Philippians 4:19: ***"And my God will meet all your needs according to his glorious riches in Christ Jesus."***

Here, Christ Jesus restores God's provision for his children, just as it was in Eden before the fall.

5* EXCELLENCE

Genesis 2:8-12

Now the Lord God had planted a garden in the east, in Eden; and there he put the man he had formed.

*And the Lord God made all kinds of trees grow out of the ground – trees that were **pleasing to the eye** and **good for food**. In the middle of the garden were the tree of life and the tree of knowledge of good and evil.*

> *A river watering the garden flowed from Eden; from there it was separated into four headwaters.*
>
> *The name of the first is the Pishon: it winds through the entire land of Havilah* **where there is gold***.*
>
> *(The gold of that land is good; aromatic resin and onyx are also there.)*

This point fascinates me because it shows one of Gods' characteristics that all of his children should understand clearly, and that we need to fill our lives with: **EXCELLENCE**.

God is a God of excellence. He is not mediocre. "Do you remember the point we have already covered, that we are special - made in Gods' image?" This gives us a motive to close all the doors to mediocrity in our lives.

I particularly detest mediocrity. I suffer when things are not done with excellence. I live asking God, *"Lord, don't let me be "chambón" (a Spanish term for mediocrity)*. We can't deny that we, at least the Latin Americans or "Latinos," have a strong tendency toward mediocrity. I admire how our North American or "Americano" brothers do things. They're excellent. They do things with excellence. They don't skimp on efforts or resources for Gods' work.

However, instead of trying to imitate them, a majority of Latin Americans (i.e. "Latinos") have focused on criticizing them. That's mediocrity. We should examine everything and keep the good.

Since Eden, God has sent a message to all humanity: *"I like excellence. I have prepared the best for my children because I've given only the best for them. I've given my Son, Christ Jesus."*

Excellence should operate with order, diligence, punctuality, personal presentation and good taste.

God created the Garden of Eden for man and in it placed the best, what was most pleasing to the eye and good for food, excellent. God did not create the Garden of Eden for Himself, neither did He create man for the garden. He created it with the thought of blessing mankind. He wanted man experience the excellence. "Isn't it beautiful that God is so detail-oriented?"

Man was created to live in unity and harmony with God

Next comes the absurd... man rejects Eden and invents his own paradise in the wilderness. After the fall, that's where he lives.

In Christ Jesus, God restores excellence in creation. This is clearly stated in **John 10:10: "I have come that they may have life, and have it to the full."**

6* WORK

> *Genesis 2 verse 15*
>
> *"The Lord God took the man and put him in the Garden of Eden to work it and take care of it."*

Since the very moment of creation, God has pronounced that He is against laziness. As I always say, this trait includes **...people with a strong tendency to take it easy.**

God endorses work and our position is the following:

a) No to the Theology of prosperity.

The theology that says...come to Christ and you'll get a new house and scholarship, or declare it and you will receive it, is not correct. Yes, I believe that God brings prosperity, but it is the fruit of obedience to Him and not the fruit of some pre-fabricated declaration. I surely do not believe in Christianity without conditions. I don't believe in '"come and receive, receive, receive and receive and don't give anything. Don't dedicate your life to Christ."

b) No to the Theology of misery.

We do not believe that to please God we have to be poor and miserable. For a long time, the terms poverty and humility have been wrongly considered synonyms and riches have been wrongly considered a synonym of arrogance.

It is also wrong to think that somebody is poor due to disobedience, because they are a sinner, God is mad at them or they are not spiritual.

Poverty is not a sin, although sometimes it is a consequence of sin. We have to understand that the point is not whether you are poor. There are strange groups that believe that to please God you have to be miserable and, if possible, smell holy. So, they don't take a bath (i.e. they stink).

c) Yes to the Protestant work ethic of Max Weber, which simply states that "God blesses the work of your hands."

We have to work. It pleases God to see us working. God is a God who works... *What do you mean, Silvano? Why don't you explain this point a little bit better?"*

In the Gospel of John 5:17, the Bible says:

> *"Jesus said to them, 'My Father is always at his work to this very day and I, too, am working.'"*

It's worthwhile to analyze this passage regarding work with a bit more detail. I believe that this is one of the areas in our lives that we give God the least amount of room to work in.

Here is a bad experience I had with a colleague of mine when I played in a professional soccer league. Once in the middle of a game, after he had bruised me with a hard kick and was insulting everybody, I said to him... *"Hey, why don't you calm down a little. You're not being a good testimony, only kicking well,"* to which he responded, *"Forget it, brother. I leave the Lord in the locker room."* After that response I really couldn't say anything else to him. He left me speechless.

Work today is occupying a dangerous place in our list of priorities. In many cases it has taken priority over God's place. That is very dangerous because everything comes from Him. In many other cases it has taken priority over wives and children.

It's also dangerous because in work, need and greed are mixed.

- So, Silvano, are you suggesting that I should work...but just a little?

- No, I'm not suggesting anything. It's just that after going through the Scriptures regarding this controversial and interesting topic, I'm pointing out a few conclusions. For example:

1. Work is not a punishment

> Genesis 3:17-19:
>
> 17 To Adam he said, "Because you listened to your wife and ate from the tree about which I commanded you, 'You must not eat of it,' Cursed is the ground because of you; through painful toil you will eat of it all the days of your life.
>
> 18 It will produce thorns and thistles for you, and you will eat the plants of the field.
>
> 19 By the sweat of your brow you will eat your food until you return to the ground, since from it you were taken; for dust you are and to dust you will return."

Work is a blessing. Those who classify it as a curse are wrong. They simply believe that it is a consequence of the fall and they haven't understood that before the fall, work already existed. Adam and Eve worked.

What has definitely changed are the conditions. It wasn't the same working in Eden under the blessing of God as it was working in the wilderness where there was a lot of effort and little fruit. The land was cursed, not the work.

Today things are the same. The work that is blessed by God offers a much better return than the work that does not include God.

2. There is a work that is blessed by God and

another that is not

a) God does not bless working more than necessary

> Exodus 31:15 "For six days, work is to be done, but the seventh day is a Sabbath of rest, holy to the Lord. Whoever does any work on the Sabbath day must be put to death."

In these latter days, the addiction that has won over the largest number of people is work.

People don't seem to work to live and enjoy life. Now it seems like they live to work.

We live surrounded by workaholics who can't go to church because they have to work, or because Sunday is the only day they have to rest and see their children. *Hey, don't be mistaken. Sunday is not the day of rest. It's the day of the Lord!*

Work is a blessing. If you lose your family because of your addiction to work, I think that what is happening to you is the same thing that happened to Esau, who sold the best thing he had, his birthright *(a birthright was what gave the eldest all his privileges, even a double inheritance)* to his brother Jacob for ... A pot of stew!

Watch out! Once he exchanged the best thing he had for nothing and lost it, he could not get it back.

I'm not telling you not to work. Do it! But be reasonable. Separate the non-negotiable portions of your time: God, your wife, your children. *Don't change the best thing you have for an extra $10 of overtime.*

b) The blessing comes when we work according to our talents.

> Exodus 31:1-5:
>
> Then the Lord said to Moses,

> *"See, I have chosen Bealel son of Uri, the son of Hur, of the tribe of Judah, and I have filled him with the Spirit of God, with skill, ability and knowledge in all kinds of crafts to make artistic designs for work in gold, silver and bronze, to cut and set stones, to work in wood, and to engage in all kinds of craftsmanship."*

We all have talents, abilities, gifts. God says in His Word that He has distributed them according to His will.

It's good to distinguish between what we like to do and what we are good at.

I love music. I always say that I'm a frustrated musician and I admire those who have excellent voices and a talent for music. However, I think that even if I put forth a great effort, I still couldn't accomplish what someone with that talent could.

Of course, I also like preaching or working with youth and it doesn't take any effort at all. It just flows! I also know some people who love preaching but people don't love to hear them. They shouldn't feel frustrated. They just have to find their gift, the talent that God gave them, and develop it.

I also love soccer. Today my wife Patricia was telling another lady that when we lived in Buenos Aires, in a neighborhood called Caballito, the construction workers would get together and play soccer at lunch time in the park that was next to our apartment. This is what we call in Argentina the popular "picado." Instead of using soccer cleats, they had rubber construction boots, jeans rolled up to their knees and no shirts on. I would pass by and start watching the "picado" as if it was the World Cup. Obviously my wife couldn't understand me. She still tells the story to explain one of my eccentricities. It's not an eccentricity: *it's passion*. It flows in me naturally!

God has given us talents that revive in us the blessing of Eden before the fall. Through them we can be more productive with less effort.

I know and understand that there are times when we must do whatever job comes up, but I believe that this is also in Gods' plan to give us a more balanced and complete preparation.

I also know and understand how much it can cost when we make a mistake and choose the wrong career. This usually happens when we choose it based on what we like and not on our talents.

For example, my sister Susy, after finishing high school started studying to be a doctor. I would observe her and think: "Either my sister is a genius or she chose the wrong career," because she would hardly ever study, maximum half-an-hour a day, while her other classmates spent hours studying. The result? She didn't finish. She studied a few years and that was it.

It's not doing what we like that gives best results. It's using the gift that we receive. That is why it is important to be thankful for and to love what God has given us.

Don't forget. Mistakes cost a lot in time, money and opportunities. Ask God to show you what your talents are, what gifts He has given you. Analyze what you do well, without making a big effort and focus on what's easiest for you, what flows. Discover your talents and you will become a productive person.

c) Work without neglecting the spiritual

Nehemiah 4:15-18

When our enemies heard that we were aware of their plot and that God had frustrated it, we all returned to the wall, each to his own work.

From that day on, half of my men did the work, while the other half were equipped with spears, shields, bows and armor. The officers posted themselves behind all the people of Judah who were building the wall. *Those who carried materials did their work with one hand and held a weapon in the other, and each of the builders wore his sword at his side as he worked. But the man who sounded the trumpet stayed with me.*

Nehemiah is a role model, a leader to be followed. Because God had revealed the enemy's plan to stop the construction of the wall of Jerusalem, Nehemiah changed the work strategy. They had to work, but they couldn't neglect the defense of the city; they had to be alert. They had to wear their swords and have them ready for battle.

Today it's the same. We must work, but we cannot neglect the sword of the Spirit, which is the Word of God. We must work without neglecting spiritual things.

Nehemiah was a leader in prayer, motivation, faith and war! We should apply this model in our jobs. We should pray, motivate, believe God and we should do battle with the Word of God in hand. Surely the enemy will not be able stop our task and we shall see the fruit of our work.

d) To work without God...is useless!

Psalm 127:1,2

Unless the Lord builds the house, its builders labor in vain. Unless the Lord watches over the city, the watchmen stand guard in vain.

In vain you rise early and stay up late, toiling for food to eat-for he grants sleep to those he loves.

It is incredible to see how many people labor in vain these days. We live surrounded by people who are stressed out, so full of anguish that they can't sleep. We cannot say these people do not want to work or that they are negligent. They're simply so wrapped up in trying to make their work productive that they forget about God, who gives them strength, talents, rest, health and blessing.

This reminds me of the story of a foolish branch that wanted to give more fruit so it separated itself from the tree. ***Don't forget. Separated from Him we can do nothing***! Just as the branch, we have to take hold of Him so that when the winter comes and threatens to kill us with its cold, He will protect us. He will also protect us from the heat and...***when the time comes, he'll enable us give forth abundance of fruit.***

Our part is: Abide in him

His part is: Enable us to give forth fruit

3. Heavenly Recommendations

> 2 Thessalonians 3:6 ... *"In the name of the Lord Jesus Christ, we command you, brothers, to keep away from every brother who is idle and does not live according to the teaching you received from us.*

God tells us to keep away from people who have a strong tendency to do nothing, people who are lazy.

> 2 Thessalonians 3:10 *"For even when we were with you, we gave you this rule: 'if a man will not work, he shall not eat.'"*

There is nothing I can add. I'm just going to repeat it... "if a man will not work, he shall not eat."

> 2 Thessalonians 3:12 *"Such people we command and urge in the Lord Jesus Christ to settle down and earn the bread they eat."*

Sometimes I'm shocked at the way God says things. It's as if He said: "Look, guys, stop messing around. Don't complain or protest. Just close your mouths, calm down and...***GO TO WORK!!!***"

Work was created by God to be a blessing for mankind, and in Christ Jesus the blessing from Eden is restored to all those who through Him want to receive it.

7* BOUNDARIES

> *Genesis 2:16-17*
>
> *...And the Lord God commanded the man, "You are free to eat from any tree in the garden; but you must not eat from the tree of the knowledge of good and evil, for when you eat of it you will surely die."*

God gave His creation boundaries, limitations. I don't think He just let them loose on the earth to do whatever they wanted to do. Some people make the mistake of confusing independence with freedom. God created us free but not independent.

Basically, independence means no dependence on anyone or anything. We often say that countries are independent, even though it is literally impossible for any country to be absolutely independent. Of course, what we are really referring to is national sovereignty.

Currently there is a dangerous message circulating around the world. This message is identified by the slogan: "***If you want to be happy, do whatever you want to with your life.***" That means: Don't let anybody impose any limitations on you. Don't depend on anybody.

This is a false freedom. Let me give you some examples:
a) False Economic freedom

I don't depend on anyone. I manage my own money.

b) False family freedom

Nobody controls me.

I'm going to live by myself. I manage my time.

c) False "feelings" freedom
> Nobody ties me down or controls my feelings.

d) False spiritual freedom
> *I make my own decisions.*

Once somebody told me that Christianity was "the religion of NO," of the prohibited.

I told him that it was a lie. I'm free to do what I want to do. For example:

> -I'm free to steal ....BUT
> -I'm free to lie ....BUT
> -I'm free to take drugs ....BUT
> -I'm free to fight ....BUT
> -I'm free to get drunk ....BUT
> -I'm free to disobey ....BUT
> -I'm free to commit adultery ....BUT
> -I'm free to live in sexual sin ....BUT

If we seriously analyze the consequences and the results of these "freedoms," this question arises: **Would we really be free?**

I'm surely free... to choose my own bondage, *"because all of these freedoms, (plus several more), lead to slavery."*

I agree with Dr. Neil Anderson, who says that "***God's laws are not prohibitive, but protective***." When God tells us not to do something, He does not do it to bore us, but to protect us.

He is a God of boundaries. Just as any child, we need boundaries. Boundaries are a blessing. They protect our lives, families, youth, marriages and churches.

God created you to be happy, not to suffer. Maybe you're suffering right now because you crossed one of those boundaries. I can assure you that it was not the will of God. He loves you and He is just waiting for you to come back to Him so He can take you under His wings of protection.

In Christ Jesus and in His word, the protective boundaries of Eden are restored.

*8 THE DETAIL-ORIENTED GOD

> *Genesis 2:18 The Lord God said, "It is not good for the man to be alone. I will make a helper suitable for him."*

At the beginning of my third point, "**Man was created to live in Unity and Harmony with God**," I said that when analyzing Adam and Eve's life before the fall, among other things, I was going to allow you to discover that God is a perfectionist.

This verse lets us see a God who is interested in our well-being. I see God analyzing man's life. He saw that everything was good, except for one thing: **loneliness**. There was something in His creation that was not good: for the man to be alone.

And, as in all our situations, God immediately brings the solution: "I will make *a helper suitable for him.*"

All creation was brought before Adam and (Thank God) an adequate helper was not found for him. (I really don't see myself happily married to a chicken or a chimpanzee.) God took a rib out of Adam, and from it God created Eve. The most interesting thing is that after this event, Adam exclaimed in Gen. 2:23: "This is now bone of my bones and flesh of my flesh; she shall be called woman, for she was taken out of man."

Adam said, "This one's the one." He liked what God made. I believe that God knows exactly what we like and what is good for us.

In Eve, I see the hand of a Detail-oriented God who didn't want just any spouse for us but the best, the excellent, the perfect complement.

I believe it is time to believe God. He has the best for us, and regarding choosing a spouse, it's better to let God choose for us.

How do you do it? Asking Him if the person is or is not the one He has for you without fearing that He will say "No." And if He says "No," turn around and say "Good-bye." Many spouses suffer today for having followed a whim, an urgent desire, trying to make fit what God didn't make fit.

The Detail-oriented God - He was with Adam and Eve and through Christ Jesus. He frees us from loneliness and lets us find the harmony in marriage that we so desire.

9* Freedom

> *Genesis 2:25 "The man and his wife were both naked, and they felt no shame."*

At this point in our analysis of Eden before the fall, I'm overtaken by how beautiful and perfect and complete everything was. They had everything they needed. They had more than they needed! I think the question that God had for them was: *"Are you happy? Do you need anything else?"*

As if anything were missing, God also gave them freedom. Life in Eden before the fall included complete freedom. They went around naked. They weren't ashamed of anything, which means that they didn't have any secrets. They didn't have anything to hide from each other.

In present times, the main causes of division and fights are a lack of trust and lies. Things that were hidden come to light at the least expected moment, destroying all trust.

Not only the freedom, but also the trust that was enjoyed in Eden is restored in Christ Jesus.

In Galatians 5:1 God tells us: *"It is for freedom that Christ has set us free. Stand firm, then, and do not let yourselves be burdened again by a yoke of slavery."*

10* TIME

> Genesis 3:8 *"Then the man and his wife heard the sound of the Lord God as He was walking the garden in the cool of the day, and they hid from the Lord God among the trees of the garden."*

At that moment, Adam and Eve had fallen. They had sinned and their first reaction was the same as that of man today: to run and hide from God (as if that were possible). Today man has, as in Adam and Eve's time, plenty of trees to hide behind, such as self-sufficiency, good works, religion, human thought and philosophy, etc.

I'm not talking about life in Eden after the fall, but before the fall.

Adam and Eve not only enjoyed a life without secrets, without things to hide (before sin), but God also gave them time for themselves. He wasn't there all day, second by second, supervising them. In verse 8, we clearly see that God visited them in the late afternoon (cool of the day).

> This aligns perfectly with **Ecclesiastes 3:1 *"There is a time for everything and a season for every activity under heaven."***

Time management is another point of discord, fights, division and conflicts. Everyone wants more time. For example:

a) Wives fight with their husbands because they don't have enough time for them.

Let me tell you something we do here at our church, Casa Sobre La Roca (*the name of the church, which translated means "House on the Rock"), in Miami, Fla. Once a month we pay some of the youth of the church to baby-sit the children of some of the couples so they can go out together. We go out with 10 or 15 different couples each time. We may ride on the water-taxi, have dinner at a nice restaurant and walk down the beach. All kinds of romantic things!

The comments and results are fantastic, but above all we see that it is necessary for couples to have time alone (as a couple).

God knew this and gave Adam and Eve the time they needed.

b) Parents and children fight or hardly ever see each other "because there's not enough time."

Families have fewer and fewer conversations. Different interests leave less and less time for sharing as a family, and the little time they have at home is easily stolen by the television or the Internet.

c) Christians have less and less time for God... that is why they live fighting.

In these present days, a dangerous new generation of Christians is being born - dangerous because these Christians support mediocrity and are easy going. They're satisfied with themselves.

There is little or no prayer in the home. The little prayer there is is dedicated to asking for things, telling God their problems and burdens. When they are finished, instead feeling joy from being in the presence of God, they have this weird thought, "Wow, things sure are tough."

It's no wonder that someone said: *"In present times, there is more of the world in the church, than the church in the world."*

Don't you think we are a bit too selfish with the God who, with His eternal budget, has planned every hour, every minute, every second, every moment for us. He makes us the center of His attention, and the only thing we give is a little bit of time on Sundays and a "little" time during the week, usually what we have left over after everything else?

Believe me, the reality that most Christians are experiencing today is not a coincidence, but is a result of how they live. It is not true that there is not enough time. The basic solution is still the same as it was in Eden: *"God has given us enough time for everything."*

It is time to reorganize our priorities, putting God and our relationship with Him in first place, our spouses in second place, then our children, the church, our jobs, etc.

> Let me close this point with a Bible verse that fascinates me: *Ecclesiastes 3:11 "He has made everything beautiful in its time. He has also set eternity in the hearts of men; yet they cannot fathom what God has done from the beginning to end."*

Adam and Eve undoubtedly lived happily in Eden. They weren't missing anything. They lived the life that God had prepared for them, just as God wants us to live today. It is only possible to live this life when we understand and live for the purpose for which God created us, which is to live in unity and harmony with our Creator.

The First Division

Adam and Eve let deception enter their lives.

They disobeyed, they sinned and for this reason harmony was broken. Unity with God vanished and today things continue exactly the same. Where there is sin, there is neither unity nor harmony with God because living in sin automatically separates you from God and from His blessings.

Adam and Eve caused the first division on earth. To understand the root of this dilemma, it is helpful to analyze the root of the word "division."

DI-VISION is a compound word.

DI: means "two."

VISION: means "the way you see things."

As long as Adam and Eve saw things the same way that God did, there were never problems, only blessings, delight, authority, abundant provision, excellence and a high standard of living. They were super-productive in their work. There were protective limits put in place by God. They lived hand in hand with the detail-oriented God. They enjoyed true freedom and time for each of their responsibilities.

But when they decided to listen to the voice of the devil and doubt the Word of God, they started seeing things differently.

If you have a Bible handy, don't miss out on analyzing the story of the fall of man. See how cleverly the enemy deceived man. *He only changed* **one word** *of what God had said:* **NOT**.

> God had said in: ***Genesis 2:16b-17: "You are free to eat from any tree in the garden; but you must not eat from the tree of the knowledge of good and evil, for when you eat of it you will surely die."*** The devil only added one word: "not." He told them: "***You will surely not die***." From this point on, they started separating from God. The first division was born, and from that moment on we have the well-known story of the fall of man.

Before continuing, I want to warn you that today the devil still does the same thing. He will surely try to do it to you, too. You should not allow this. He will want to infect your life with the "NOT."

God will say to you: FORGIVE - but the devil will tell you do NOT forgive, and in your mind, you will hear him in first person (as if it were your own thoughts). You will hear something like: "Why should I forgive?" "He does not deserve it." "I do not feel like forgiving." "I do not want to do it." "I cannot love him."

God will say to you: LOVE - but the devil will tell you: do NOT love. And in your mind, you will hear something like: "I do *not* feel like loving." "I do *not* want to do it." "I can*not* love him."

And the story repeats itself, over and over. God says something through His Word and the enemy tries in any way possible to put in his dark and annoying NOT.

You have to be alert! Simply listen to those around you and to yourself. You will be able to tell by the way each person talks who is in charge.

This point is perfectly illustrated by the following definitions of three types of people:

1. Those who say...

    "I want to"... *"triumph in everything."*

2. Those who say...

    "I don't want to"... *"are against everything."*

3. Those who say...

    "I cannot"... *"fail at everything."*

Paradise exchanged for wilderness

It is incredible to see how the lives of Adam and Eve changed after the fall. Before the fall, they lived in a true paradise on earth, created by God for them. But they rejected that and then invented their own paradise in the wilderness.

Since this event, man has lived by hallucinations: buildings castles in the sky, working a lot and achieving very little, seeing and believing things that are not, all in a crazy race to stand out from the rest while complaining about the hardships in life.

Unfortunately, that's what the life of people who reject the gift of God, Christ Jesus, is like. They choose the wilderness, without understanding or accepting how real and complete His Word is when He emphatically tells us in **_John 15:5b:_** *"apart from me you can do nothing."*

First things first

Man's fall leaves us with this eternal principle: *"Every division starts first with a spiritual division."*

That's why this is the first thing you have to fix. It is for this that Jesus came, for this God became man in Christ Jesus: *"To reconcile man with God."*

Think about this for a moment... Why would God have to make Himself man? People from the New Age movement say that man can become God, because "God is everything and everybody is part of that everything."

This statement doesn't only seem ridiculous... *It is ridiculous!*

And not only is it ridiculous, but it is very dangerous, because to believe that man may become God automatically eliminates the need for a Redeemer!!! *As they say in my country, "Watch!" Or as they say in Colombia, "pilas." Or, as they say in any other place, "warning, danger, watch out, death trap nearby."*

God became man because of His love for man and because man cannot become God.

This is what true Christianity is about. While religion is man *trying* to reach God, Christianity is God reaching man through Christ Jesus.

That is why it is through and only through the sacrifice of Jesus on the cross that me and you and everybody can be reconciled with God, who erases all the divisions and separations caused by our sin.

When we receive Jesus in our hearts, not only do we receive forgiveness for all our sins and are reconciled with God, but we also receive everything that Jesus is. That is why after His arrival in our lives:

- We can forgive,
- We can love,
- We can seek reconciliation,

- We can ask for forgiveness,
- We can restore broken relationships,
- We can heal wounds,
- We can close the door to bitterness, resentment and hate that cause so much damage.
- We can live...we can rest... we can enjoy.

Don't doubt it for a second!!! Division, separation, discord, resentment, the fights, will always bring about damnation, ruin and destruction of what we love most and, as a consequence, intense pain.

Believe me, "you do not have to live like that." "You were not created to live like that."

Jesus carried away on the cross all suffering, pain, shame...you do not have to carry it.

There is no question about it. Man was not created to live separated from or in conflict with God.

Not before, not now or ever will there be happiness, fullness or peace in your life if you do not join, if you do not reconcile yourself to God through Christ Jesus.

Lord...surely, You knew what You were asking for...

Chapter 4
God is final, serious and conclusive on this topic

Maybe now we will not offer as much resistance to acknowledging that Jesus knew what He was asking for when He said: *"That they may be one."*

By now we all can agree that this topic is very serious. In this section, we will see how final, serious and conclusive God is on this subject, which forces us to give it serious attention.

God speaks about this subject in several portions of His Word. I believe the entire Bible is a call to unity, to reconciliation, and it was not easy to choose only four verses among all the verses that teach on this topic. Believe me, in these four verses it will be extremely clear: the urgency, the firmness and finality when God talks about unity and division. Let's see.

> 1. Matthew 12:25
>
> **"Jesus knew their thoughts and said to them, 'every kingdom divided against itself will be ruined, and every city or household divided against itself will not stand.'"**

WOW, what a statement!!! We should read it again and again, until it becomes one with us, until it becomes part of our hearts and minds. His message must be heard. It must be absorbed, taught and analyzed:

By the leaders of every country,

By the leaders of every city,

By every leader who walks upon this earth,

By every member of every family.

This is very serious. It does not leave open any possibility for speculations, such as: ***Is it really that important? Should I take this statement symbolically or literally?***

The moment at which Jesus made this statement was a tough one. He wasn't talking with friends. He was being seriously attacked and questioned by one of the strongest religious groups in Israel, the Pharisees.

And they were not confronting Him with honor or diplomacy. They were saying things about Jesus like: "It is only by Beelzebub, the prince of demons, that this fellow drives out demons." Incredible! Jesus had just finished performing a miracle before their very eyes, and instead of praise and thanks, they attacked Him with these insults. That is why His statement is not symbolic or figurative. It is direct and literal: *"Where there is division there is destruction."*

First He mentions the cities, but then He focuses His attention on the basic unit of all society: the family.

Seeing this, I remember a question with a well-known answer:

Is it possible that Jesus knew beforehand that division would be the cancer, the most severe sickness of all times to attack the family? This is especially true because of the mounting pressures that families face every day. To meet the economic needs of the family, often both parents have to work; the children may spend long hours studying and arrive home later, hardly ever seeing their parents while the television becomes their babysitter.

I think the Lord anticipated the pathetic reality of the modern family, announcing what the main problem would be and bringing the solution in His Word.

You may be asking yourself: "Why specifically the family?" Let

God is final, serious and conclusive on this topic

me share what I think and believe regarding this:

   Because countries are formed by families.

   Because cities are formed by families.

   Because neighborhoods are formed by families.

   Because schools are formed by families.

   Because churches are formed by families.

Because the family is everywhere, and if the family is sick the churches will be sick, the schools will be sick, the neighborhoods will be sick, the cities and the countries will be sick, the today's society will be sick.

This is really very serious and it involves you and me. This word speaks to you and to me. It covers your family and mine. What are you going to do about it? You can't just let it pass by...

"Establishing or re-establishing family unity and reconciliation is something that, starting now, must become an urgent priority in our lives. If the family is healed, the neighborhoods, schools, churches, cities and countries will be healed."

   2. Romans 16:17 and 18
   I urge you, brother, to watch out for those who cause divisions and put obstacles in your way that are contrary to the teaching you have learned. Keep away from them."
   For such people are not serving our Lord Christ, but their own appetites. By smooth talk and flattery they deceive the minds of naive people.

This phrase starts with a plea. (Don't forget or overlook the fact that "this is the Word of God.") It is a plea that comes down directly from the heavens for each one of us. That plea can be broken down into two parts, which we must look at equally:

First point:

It points out a warning, a danger, a maximum-security alert. Watch out!!! Keep away from certain people who are very, very dangerous, so dangerous that they may destroy your family, your marriage and good relationships with your friends.

- *"Wait a second, Silvano. You're going too fast! How can I quickly detect these dangerous people? Do they dress a special way? Is there something special that sets them apart from the rest? How do I detect them?"*

…-*Very easily. By the way they talk. Pay attention to how they talk about the people who surround you.*

These people are seeing and talking about others' bad points. Their favorite activity is talking about other people's errors and defects, despising and underrating the achievements of others. You have to be very careful, just as the Lord told you, and pay attention to the following statement, which also refer to those who cause division: *"Those who gossip scare away, separate, their best friends."*

We must be alert, paying attention, because these people are always trying to turn us against others or against somebody in particular. Sometimes they hide behind the disguise of good friends or family members only interested in protecting us. Their venomous comments will unveil them because out of the abundance of the heart a man speaks.

You will see - they will not be able to keep what they have inside. If you are alert, you will be able to detect them and save yourself by keeping away from them.

Don't take this lightly…they are really dangerous.

Second Point:

It talks about how we must deal with these people.

Once we detect them, **God says**, simply and conclusively, that we must: *"Keep away from them."*

I don't know if it's my Indian instinct or what, but I have a feeling that you're thinking...*Does the God of love tell me to keep away from some people?*...and the answer is ... YES! Without a doubt. YES! You will not be able to change or bless them, but they can destroy you. They can ruin your marriage, poison your family as well as your social and work relationships.

There are many today who are suffering because they have not accepted the mandatory counseling of the Lord...

- Silvano, why don't they accept it?

- It's simple. They think that they are better than God.

- What do you mean? I don't understand...better than God?

- Yes, I mean it just the way I said it. There are many naive and deceived people who simply believe that they are better than God.

This is the way they think: *"No, I'm not so mean that I should keep away from these people. We have to give them love, care and protection."*

Hey! God isn't telling you to do that. He says: "Keep away." It's dangerous for you.

- Come on, Silvano, let me show you that I can change this person.

-My answer is: "Don't be naïve. Read Romans 16:18 again. Maybe it's better if I remind you: ***For such people are not serving our Lord Christ but their own appetites. By smooth talk and flattery they deceive the minds of naive people.***"

These people speak with deception. They use smooth talk and they make you feel good. Sure, they speak highly of you, but very badly of others.

Let God take care of them. If you want to do anything good for these "special" people, pray for them and let Him transform them.

And if you want to do something good for yourself, listen to the Lord. Be careful, keep away and please resist the urge to be better than God.

This is serious business. The will of the God who loves you is that you would not suffer the terrible consequences caused by divisions and difficulties. On the contrary, He wants you to obey Him and accept His suggestions so you can enjoy the peace and other good things that come from living in unity.

3. Titus 3:9-11

> But avoid foolish controversies and genealogies and arguments and quarrels about the law, because these are unprofitable and useless.
>
> Warn a divisive person once, and then warn him a second time. After that have nothing to do with him.
>
> You may be sure that such a man is warped and sinful; he is self-condemned.

This passage is possibly the perfect complement for what we've just discussed. It's just as severe and, from my point of view, is even more straightforward and conclusive. It gives a commandment in a counseling tone and a specification, which is also, let's just say it as it is, an order.

The first thing that we see here in these verses is a Titus with a strong temperament, dominant and determined. He was left by the Apostle Paul in the city of Crete with the following instructions:

To put things in order,

To exhort,

To teach authority,

To correct their defects.

In verse 9, we find the only personal recommendation:

> "Titus, you are going to encounter people who talk too much (Do you know anyone like that?), who will try to trick you. Please, Titus, remember that you have a very clear mission and don't waste your time with arguments and fights about unimportant things. (Have you found yourself arguing and fighting over unimportant things?) If you have, you will have to agree with me – you wasted your time!

In verse 10, we find the order and how to proceed..."*Titus, the idea is: don't waste your time, be direct. Do it as in a soccer game - after the second yellow flag warning, call out the red flag and they are out of the game.* "And then warn him a second time. After that have nothing to do with him."

In verse 11..."*Hey, Titus, don't worry. Take it easy. Don't let it bother your conscience, because the person who causes division* **'is warped and sinful; he is self-condemned.'"**

- Hay, Paul, aren't you getting a little carried away here?

- Titus, do you remember that guy who we waited so long to expel at Decapolis?

- Yeah, why do you ask?

- Do you remember why we threw him out?

- Let me think a minute...OK, now I remember. He hurt a lot of people, broke up a lot of good relationships and destroyed several families, separated good friends, caused several people to distance themselves from the church and he even convinced Alexander "the blacksmith" to talk bad about us. He motivated a group of rebels like himself to create a new church, I think they called it: Assembly of Unity. As if that weren't enough, he criticized good brothers in the faith and ruined their testimony.

- *You know something, Apostle Paul? You're right. The person who causes division IS WARPED AND SINFUL. Paul...*

-*...Yes?*

-*...Don't you think you were a little short on this point?*

It fascinates me to imagine faces, reactions, and dialogues. I'm not sure if the conversation above ever happened, but I'm sure that in present times, some of us may consider some people *"warped sinners."*

Without a doubt, more than one will oppose us, saying we're overreacting and telling us to please not judge people. It seems that in these times, false appearances and indiscretions move within the church all too freely. It's time that we call good things good and evil things evil.

For me it is as God says it is. If anybody wants to be offended, that is their right.

If you have any questions regarding this point, I repeat, you have every right to ask them. You can argue this point with God. You can question Him because it is His word. Regarding myself, I would like to add that after analyzing the terrible damage caused by a person who divides families, churches, cities and even countries...that person is nothing less than warped and sinful.

God doesn't beat around the bush. He is very serious and conclusive on this subject..."**LETS IMITATE HIM."**

4. 1 Corinthians 12:12-25

"The body is a unit, though it is made up of many parts; and though all its parts are many, they form one body. So it is with Christ.

For we were all baptized by one Spirit into one body –whether Jews or Greeks, slave or free- and we were all given the one Spirit to drink.

> *Now the body is not made up of one part but of many.*
>
> *If the foot should say, "Because I am not a hand, I do not belong to the body," it would not for that reason cease to be part of the body.*
>
> *And if the ear should say, "Because I am not an eye, I do not belong to the body," it would not for that reason cease to be part of the body.*
>
> *If the whole body were an eye, where would the sense of hearing be? If the whole body were an ear, where would the sense of smelling be?*
>
> *But in fact God has arranged the parts in the body, every one of them, just as he wanted them to be.*
>
> *If they were all one part, where would the body be?*
>
> *As it is, there are many parts, but one body.*
>
> *The eye cannot say to the hand, "I don't need you!" And the head cannot say to the feet, "I don't need you!"*
>
> *On the contrary, those parts of the body that seem to be weaker are indispensable, and the parts that we think are less honorable we treat with special honor. And the parts that are unpresentable are treated with special modesty, while our presentable parts need no special treatment. But God has combined the members of the body and has given greater honor to the parts that lacked it, so that there should be no division in the body, but that the parts should have equal concern for each other."*

Let me yell it out at the top of my lungs...*What a passage!*

What an explanation. Do you think that we might be a little hardheaded when it comes to understanding? Or does God want to make sure that there are no doubts concerning this portion of Scripture?

If I had to decide between one of the two options, I would split it 50/50. In the end, I lean more toward the second option, because

I see the love of a patient God who gives us all of His time, effort, words and examples in order to explain to perfection something that is so vital for our lives and for the people who surround us.

This passage is a lesson in support of love, mercy and brotherhood, and against envy, selfishness and pride.

The example is clear:

- Nobody can look down on somebody else. (The reason is very simple. Surely at some point in the future you will need something from that person.)

- Nobody can go around feeling sorry for themselves because we all have gifts, specific and unique talents given to us by God.

The message of this passage is so profound, so intense, that it has the power to reach and heal the wounds of a sick heart. At this moment it may be generating thoughts like: *"I'm useless. There is no meaning for my life."*

If this is what you believe, the first thing you have to do is turn that thought over to Christ. I mean, get it out of your mind. Don't accept it, because that thought does not come from God. Give it over to Christ.

The second thing you have to do is believe what God has to say about you:

> You are His special treasure.
> You are the apple of His eye.
> He has chosen you.
> Your life is worth the sacrifice of Jesus.
> You are more than a conqueror.
> You are a creation of God, created for good works.
> You are a child of God.
> You have been forgiven for all your sins.
> You are complete in Christ.

There is no condemnation for you.

You do not have a spirit of fear or timidity, but of power, love and self-discipline.

Your life is in His powerful hands and not in those of any man or situation.

You can do everything in Christ Jesus who empowers you.

Nothing and nobody can separate you from His love.

You have to start declaring with your mouth, your mind, your heart and with all that is within you: *"You're special."* Nobody else can do what God has reserved for you.

Yes! You've read correctly. You are unique. You need other people and other people need you.

God needs you. If not, He would not have created you. Don't doubt it. *"You are not the result of a one-night stand or an unwanted, unplanned surprise."*

God had you in His plans before your parents, grandparents, greatgrandparents, etc., etc., etc., even thought about you. God chose you before the creation of the world.

- *Silvano, do you really believe that? It's obvious that you don't know me.*

- *Wrong. I believe that you don't know yourself yet. Why don't you go look for a Bible? Go ahead. I'll wait for you here. (I hope it doesn't take three days.) Ready? Let's look at this together:*

<u>Ephesians 1:4-6</u>

"For he chose us in him before the creation of the world to be holy and blameless in his sight. In love he predestined us to be adopted as his sons through Jesus Christ, in accordance with his pleasure and will to the praise of his glorious grace, which he has freely given us in the One he loves."

God chose you, not your parents, not somebody else. He chose you before...before the creation of the world, and He did so for a good purpose. Wait, not a good...a spectacular purpose.

God says in the first passage we saw that we are all part of the same body. I don't know what part you are, *"but I do know that without you we are incomplete."*

So lift your head up high, cast out the lies and fill yourself with this marvelous truth that comes down from a good and loving God.

Besides, the only thing you get from low self-esteem and envy is not letting people see what God has given you.

As I go over what I'm writing, I get a strong feeling that there are more than a few of you out there who are being lifted up and out of the lie of "low self-esteem," who now can understand how special you are.

Let me repeat and emphasize what is in my heart: "God says that we are all part of one body. I don't know what part you are, the only thing I know is...

Without you...we are incomplete,
Without you...your family is incomplete,
Without you...your church is incomplete,
Without you...your neighborhood is incomplete,
Without you...your country is incomplete,
Without you...our world is incomplete.

Speaking about how special we are reminds me of something that happened with my sister, Susy. Believe me, there's not a sister like her. She is sweet, kind, passionate about God, an excellent wife, daughter and mother (*with all these compliments I think I deserve at least an invitation to dinner*).

Seriously speaking, my sister is incredible. I remember her now because just a little while after she received Jesus into her heart, she started, unconsciously to imitate a lady from the church we attended. The truth is, I don't know why she did it. Anyway, I guess it's just one of those mysteries of being a woman. At one point she would even laugh like this lady. So one day I lovingly caught her attention. I told her that if she did it again she had to leave the house. I'm exaggerating a bit, but I was upset and I gave her my point of view. I told her that I thought she had a beautiful way of laughing and that she did not have to imitate or envy anyone. Of course, she denied everything.

About six months later, this lady came up to my sister. She asked if they could speak alone for a few minutes. Susy couldn't believe what she told her. This is more or less what she said: *"Susy, I want to thank God for your life. I always pray for you (she was Argentinian). I always pray to be like you. I even asked for God's forgiveness because for a while I think I even envied you."*

My sister was very surprised! She learned a great lesson. *"When you envy and desire what others have, you open the doors of your life to deception, low self-esteem, discouragement, sadness and depression...it doesn't let you see what God has given you, it doesn't let you see how special He has made you."*

When I invited you to analyze 1 Corinthians 12:12-25, I said that through it we were going to discover a God of incredible detail. For example, from verse 22 on:

- *He made those parts of the body that seem to be weaker and indispensable;*

- *For the less honorable, special honor;*

- *The parts that are unpresentable are treated with special modesty;*

- *For the presentable parts, no special treatment;*

- *And He closes saying something incredible, "But God has combined the members of the body and has given greater honor to the parts that lacked it."*

On this point I can understand that you have all kinds of questions, such as:

"Why did God go through so much trouble to make sure there were no duplicates? Why did He take the time? Why didn't He just make everybody the same and get it over with? You know, just like an assembly line, making everyone the same.

Read verse 25 with me so we can understand why God went to so much trouble and why He is such a perfectionist:

> 25 so that there should **be no division** in the body, but that the parts should have equal concern for each other.

We can learn many valuable lessons here:
- A lesson against envy......you are special, unique, indispensable.
- A lesson against pride......I can't do it alone. I need others.
- A lesson against selfishness...I am part of a body. I depend on others. I should be concerned for others.

It's incredible to think that God did all this just to "eliminate division," emphasizing, once again, implicitly, the reason: *"Where there is division there is no love, no mercy, no brotherhood."*

"Where there is division, there is envy, quarrels, pain, separation, selfishness, pride. We can say that, where there is division there is not anything good. Oh!! I forgot something! Where there is division, there is loneliness."

At this point, I don't know about you, but I don't have any doubts. Today I'm going to start saying STOP to DIVISION, and I'm convinced Jesus knew what He was talking about!!! Why don't we come together on this point and ask our Heavenly Father the same thing?

"Father, may we be one in our family, in our work, in our church!! Father, that there may be reconciliation!"

Now that we're getting to know each other better and we're starting to understand each other, I invite you to finish this fourth point with me, with a definite conclusion:

"God is very serious, conclusive, final and emphatic on this topic."

I can feel His heart's desire beating in my heart and in yours. He wants us to join with Him, having the same feeling, being of one mind, so we can give this topic the same importance that He gives it.

I can also feel his heart's desire beating within the hearts of those who today are victims and are suffering a division within their families, their marriages, in their jobs or wherever. He wants to see them living in unity, in harmony. He wants to see them blessed, enjoying all the good things that flow from reconciliation.

How can I be so sure of what I'm saying?

Please focus all your attention on the following point. I believe we will get to the bottom of this matter and we will receive the strength that we need to search until we achieve unity.

Chapter 5*

Jesus died to reestablish unity

For the most part, Christian theology focuses on eternal life, and I agree with how important it is for a Christian to be clear and secure about where he will spend eternity.

If you are a child of God, you can rest assured that the moment you close your eyes to leave this world, they will automatically open in the presence of the Lord in heaven, to live with Him for all eternity.

I'm sorry. I disagree with those who with no serious and credible reason, except for their foolish stubbornness and conscious blindness, believe that after death there is nothing.

I believe that those ideas, perhaps during past times of darkness and ignorance, may have left a little bit of room for belief. But today, when everything revolves around spiritual things, I believe that it does not have the slightest chance of surviving. Even more, from a scientific point of view, it is absurd to propose and maintain this idea.

For those who have received Jesus in their hearts and have declared Him Lord and Saviour of their lives, there is no doubt that they have eternal life in heaven with God.

For those who are delaying the decision to give their life to Jesus, I exhort you to not waste any more time.

A few days ago, somebody was telling me: "I believe that Jesus is the Son of God, Lord and Saviour, and there is no doubt that living with Him must be the best, but...*it's hard to follow Jesus."*

I told him: "Don't look at it only from that perspective. Think about this: ***How hard is it and what are the consequences of not following him?***

Don't waste any more time. Analyze your life from both perspectives and decide. I only hope that you don't spend your entire life making the decision.

Summarizing: I agree that the security of eternal life with Christ in heaven after death is very important, but I do not agree that we should be focused on eternal life all or most of the time, because if so: Why live on earth?

We also have to pay attention to our life here and now. Jesus did not only die to reconcile us to God, save us from our sins and give us eternal life; but also to give us not only life, but also abundant life here on earth.

God's Word, the Bible, is not just a book that God left containing instructions on how to live happily ever after in heaven. It is something more like (as my pastor Dario Silva Silva calls it) the Manufacturer's Handbook, where our Creator (i.e., our Manufacturer) tells us exactly how to live and operate correctly and perfectly "***Here on earth.***"

So, since we all are still in agreement on this point (we do still agree on this, right?), let's say to the Lord Jesus: "Thank you, Lord, for dying for our sins, for giving us the possibility of reconciling ourselves with the Father, receiving forgiveness for all our sins, for assuring us of a future with an eternal home in heaven. We thank you also, Lord, because You care for our life here on earth and You left us Your Word as a light to guide our way day by day."

I think we're ready to read the key verse for this point, which will clearly show us how the Lord Jesus' sacrifice was aimed not only towards heaven, but also towards our life down here on earth. Look with me:

> *John 11:49-52*
>
> *Then one of them, named Caiaphas, who was high priest that year, spoke up, "You know nothing at all!*

Jesus died To reestablish unity

> *You do not realize that it is better for you that one man die for the people than that the whole nation perish."*
>
> *He did not say this on his own, but as high priest that year he prophesied that Jesus would die for the Jewish nation, and not only for that nation but also for the scattered children of God,* ***TO BRING THEM TOGETHER AND MAKE THEM ONE***.

Anaylze this. The passage talks about Jesus dying to bring us together and unite us, to re-establish unity.

I'm sure that you'll agree with me that we do not all see things in the same way. We are all different, we are each created unique and special (notice I said different, not better or worse, only different), with different gifts, talents and callings. Do you remember the one body and many members thing?

But also, I'm sure there are some things we should agree on and be unified in. For example:

- To work hard for the well-being of the family.
- To make our work prosper.
- To make the churches grow.
- To restore values such as love, respect for authority, obedience to our parents, forgiveness, faithfulness, sincerity, etc.
- To restore marriages.
- To protect and bless children.
- To take interest in the lives of our youth, get to know their friends and the places they go.
- To give more time to God and to our families.
- To stop changing the important for the urgent.
- To reconcile fathers and children, lost friendships, relationships between brothers, etc.

We should agree with each other and become unified to restore harmony in our families.

We all agree on this last point. We all want this to happen, but too often it remains only a wish. Even more, nobody does anything about it. Everybody's waiting for a miracle or for somebody else to do something and… time goes by; pain increases, wounds keep bleeding and hearts continue to harden.

Everybody asks: "Why doesn't God do something?" Do you really think that what you're asking is correct? Do you think that God has done nothing? He has done everything that He has to do and **"there's no way that He will do the things that are our responsibility. He is a caring God but He will not let you get away with it."**

- *Wait a second, Silvano! Explain this to me. I don't understand this last phrase.*

I know this phrase is a bit hard to swallow, but that's the way it is. God loves us. He enjoys doing good to His children and filling them with blessing. He even took care of the hardest part, and He does everything that He has to do, because for Him nothing is impossible. But regarding the part that we have to do, there's no way that He's going to do it for us. For example:

* -He forgave me, **but… He will not forgive the person who offended me. I have to do it. I have to forgive that person.**
* -He intercedes for me, **but… I must pray.**
* -He won the victory for me, **but… I must declare and live in that victory.**
* -He made me free, **but… I must maintain that freedom.**
* -He reconciled me to God, **but…I must reconcile myself with others.**

This list could be a lot longer. I only used a few examples. It's time for us Christians to stop playing the Christian life and get serious. Behind all that we say and do is the name of the Lord whom we represent and I don't believe that it's fair to make Him look bad.

Lots of people hide behind the saying: *"I want to but I can't."* We have to be careful when we declare this because we run the risk of making God a liar. He has declared in His word in

> **Philippians 4:13** *"I can do everything through him who gives me strength."*

Regarding the subject of this book, I believe that if we want to be unified, we can do it.

And of course we can, but it is with Him, with His strength, it is through Him and for Him, because He died to reestablish unity.

Memorize in your mind and heart the following killer phrase (this is how I refer to truths that are able to kill something evil in us and change us when we apply them to our lives): *"Jesus reconciles us to God and gives us the power and the capacity to reconcile ourselves with other people."*

But what happens to those who want to but it seems like something very strong stops them from doing it?

That's a good question! It opens the door to face what is possibly the greatest obstacle, impediment, or whatever you want to call it, keeping people from being reconciled: *"PRIDE."*

WHAT IS PRIDE?

Pride is the essence of the devil's heart. That's where it was born, and when it manages to find a place in somebody's heart it begins to cut off all the roads to reconciliation until that person dies in total loneliness and in an emotional desert.

Pride is the exaltation of one's self. I say that it's the essence of the devil's heart based on the following description found in Scripture:

> **Isaiah 14:12-15**:
> *How you have fallen from heaven, O morning star, son of the dawn! You have been cast down to the*

> earth, you who once laid low the nations!
>
> You said in your heart, "I will ascend to heaven; I will raise my throne above the stars of God; I will sit enthroned on the mount of assembly on the utmost heights of the sacred mountain.
>
> I will ascend above the tops of the clouds; I will make myself like the Most High.
>
> But you are brought down to the grave, to the depths of the pit.

Let's look at this Scripture in comparison to the life and objectives of the Lord Jesus:

"The devil had said in his heart, I will ascend to heaven." (While Jesus was offering to descend to the earth to save us.)

"The devil had said in his heart, I will raise my throne above the stars of God." (While Jesus was humbling himself to the lowest point, to washing the feet of men. The Creator was washing the feet of His creation.)

"The devil had said in his heart: I will govern. I will ascend. I want to be lord. (While Jesus was graduating as lamb of God, He was graduating as servant and giving His life for humanity. Understand that humanity refers to you and me.)

Prepare yourself because now we're getting to the culminating point. I assure you that it will make you yell, as we say in Colombia: "What an "IGUALAO"!!! *(in Colombia, "Igualao" is a person who, for example, gets a chance to participate in a presidential breakfast with, let's say, George W. Bush, and they go up to him, give him a pat on the back, and ask him, "How are you doing, George? How is your wife, Laura?" That is an "igualao.")* In the United States the term would be a "wanna-be."

"The devil said in his heart: I will be like the most high." I can just imagine the look on God's face. If God was "gringo," I think His answer would have been, "What?!!"

It's incredible! He wanted to be like God, and **Jesus made himself man.**

The conclusion? The same ending that all arrogant, proud people receive. He says it in His word:

> **Proverbs 29:23:** *"A man's pride brings him low, but a man of lowly spirit gains honor."*

For the devil, in verse 15: **"But you are brought down to the grave, to the depths of the pit."**

For Jesus: Total exaltation.

I think this is the best description of an arrogant, proud person. The devil wanted to be the greatest. What he didn't know was that the road of pride only goes in one direction - down.

The situation of today's world is tragic. We see ourselves surrounded by proud people, but don't expect to find one person saying:

"I'm the best.

I don't need anybody or anything.

I've earned what I have… It was by my own effort. Nobody helped me."

I don't think that you will find anybody like that. Pride is inside, in the heart, well hidden, but it shows itself through certain disguises. Let me share some of them with you so you can detect them, even in your own life.

One of those that is most used has the following inscription on its identification tag:

• False humility:

These are the most typical people. When they receive applause for something they've done, they arise immediately with their forefinger pointing to the heavens as if saying: *"Not to me, please, not to me. I don't deserve it. Not to me, but to Him,"* and while they point up with the forefinger, with their thumb they are pointing to themselves." What can I tell you… *"disgusting."*

Another one of its favorite disguises is:

- **False Spirituality:**

Do you want to hear one of the latest crazes in Christian circles? If you bump into a proud person with this disguise, I'm sure that you'll see them all in one church service.

They have one main Bible verse. They know it by heart and they seem to say to every person that gets near them... *"Learn from me that I am meek and super humble in heart."*

Of course, this is the Sunday outfit. It's only for church.

Now let's take a look at the casual outfit (for the family), the sport outfit (when they're with their friends), etc.

Although these are the most frequently used disguises, they still aren't easily detected; lots of people don't notice that they are the disguises which destructive *"pride"* uses to hide itself.

These disguises have the following names:

Sir Resent Ment:

Very well mannered, with an easy smile, but with a strange look in his eyes and a distrustful tone in his voice. Sir Resent Ment is proud of his excellent memory. He never forgets those who have offended him or those who have failed him for any reason. He is also proud of his strong will, since he swears that he will never forgive or ask for forgiveness.

Mr Bitter Ness:

Unlike Sir Resent Ment, Mr. Bitter Ness tends to isolate himself, although he does not dislike people. As the days go by, he gets along better with his new friend loneliness, since he is about to officially make him his guest of horror, I mean honor.

Although Mr Bitter Ness is young, you will notice more and more wrinkles on his face. I think he urgently needs a face treatment with anointing oil.

He suffers from stomach pains and if he doesn't go to the divine doctor soon his appendix may rupture and he will die intoxicated by loneliness and sadness.

Mr. Answer Back:

Proud of his eloquence, they say that his ancestors were raised in the far west, since he brags about having the fastest tongue on earth. His family has asked him to please shut up because there is so much aggression and hostility in his words and they are hurting the entire family. He tries to be quiet but his inheritance from pure machos holds him back. He brags about not letting himself be won by anybody and the last word always belongs exclusively to him.

Dr. Bic Ker:

Dr. Bic Ker is a doctor in chemistry and although he lives close to Mr. Answer Back, he tries not to run into him. The wounds still haven't healed from the last time they met. Doctor Bic Ker's life looks like a high voltage generator, with sparks arcing all around him. Sometimes the voltage around him is so high that everybody nearby him just disappears. His family suffers greatly because of his attitude, and they haven't abandoned him because they are so afraid of him.

He is a man of few words and he brags about being a radical and about his convictions, since he is always ready to fight to maintain his position and everything is done his way.

He lives with the following attitude: "Put up your dukes. I wanna fight."

He is so obsessed with himself that he doesn't notice that as the days go by, he is losing more and more friends.

Sir Venge Ance:

This one brags about his hunting spirit, since he's always on the lookout for somebody to offend him so he can avenge himself. He does not sleep well, since he lives planning and awaiting the moment of vengeance. Forgiveness? He never heard of it. And, unfortunately for him and for those who surround him, he lives bound by the famous saying, "An eye for an eye and a tooth for a tooth." He hasn't read what Christ Jesus had to say in:

> Matthew 5: 38-42
>
> *"You have heard that it was said, 'Eye for an eye, and tooth for tooth.'*
>
> *But I tell you, Do not resist an evil person. If someone strikes you on the right cheek, turn to him the other also.*
>
> *And if someone wants to sue you and take your tunic, let him have your cloak as well.*
>
> *If someone forces you to go one mile, go with him two miles.*
>
> *Give to the one who asks you, and do not turn away from the one who wants to borrow from you.*

Don't let yourself be deceived by Sir Venge Ance. A true man does not look for fights, but overlooks the offenses and forgives in order to be an imitator of Jesus.

Mr. Offen Ded:

This one mixes the sweetness of the Swiss with the hardness and stubbornness of the German, because he hardly ever knows what's happening to him. All of the sudden he doesn't say hi, or he does it with a bad attitude, he won't look you in the face, his words sound tiresome, and his attitude is, "No, no! Nothing's wrong with me. Come on, hurry up! I don't feel like talking right now." Mr. Offen Ded is characterized by the fact that he is always the victim. He never does anything wrong. It seems like the entire world has set out to plot against him and to make him suffer. He suffers from self-pity. Sometimes he feels miserable, but at the same time he's proud of how much he can put up with. He can live his whole live without acknowledging his needs - living offended and apparently not having any problems. But inside he is consumed. He does not enjoy much of anything that God has given him, and the worse thing of all is that he lives surrounded by people who love him, asking: "What's wrong with you? Did I do something? Are you mad at me?" And they always get the same answer. "No, no, I'm OK!" accompanied by the same bored look.

The people who surround him end up getting tired of his annoying attitude and pessimism and, without him even noticing it, he is slowly left alone, something that surely will offend him even more.

These are some of the most popular or obvious disguises of pride, but surely if we look a little bit more closely we can find many more familiar disguises for pride similar to the ones you've just seen.

These disguises also apply to women. For example: ***Madam Resent Ment; Ms. Bitter Ness; Ms. Answer Back; Dr. Bic Ker; Mistress Venge Ance and Ms. Offen Ded.***

All have the same characteristics of their masculine counterparts, maybe a bit more or less accentuated in one or another area, but in the end producing the same results.

These disguises, both the masculine and feminine versions, have, among their most prized achievements, inserted themselves into families, churches and society, presenting themselves as something: "***normal, legitimate, and reasonable.***" Once inside, they cause their destruction or great damage.

Even so, there are people who try to shelter and justify them saying: *"Poor guy! Of course he reacts like that. Look what they've done to him. How can you expect him to react differently?"*

Hey, hey, hey! Stop right there. Here are two phrases that I cannot and will not let go by:

1- "Look what they've done to him."

2- "How can you expect him to react differently?"

Excuse me, but let's not forget the subject we are talking about. Remember. ***"Jesus died to reestablish unity."*** We're saying that ***Jesus died*** for us, and when Jesus died, He didn't spend a lot of time describing His passion.

I hope you've seen the movie: "The Passion of the Christ," by Mel Gibson. What did you think about it? And please, do not fall into the same error that everybody else does, analyzing whether or not he overdid some of the scenes. I'm asking you about the message. How did it impact your heart?

I've spoken with many, sharing the message that I felt in my heart while I was still in the he movie theater that we rented with my church. In that theater, they let me speak for 10 minutes at the end of the movie to about 400 people. The message was simple but it shook my entire being. Not only mine, but that of all the people in the theatre: "***I did it for you. I did it for you, Silvano.***" Put your name at the end of this phrase: "***I did it for you.***"

It doesn't really matter anymore if I thought that the movie was too harsh or not, or if I believe that the real event was worse. That didn't matter, and it really doesn't matter. The only thing that matters is the message to the heart. That wasn't coming from the movie. It was coming from a place much higher and yet much closer than that screen. "***I did it for you, Silvano.***" I was only able to cry and give Him thanks.

What were those sayings you were telling me about regarding concealing pride and the lack of forgiveness?

1- "Look what they've done to him."

2- "How can you expect him to react differently?"

Did you think about what they did to Jesus? Because if you don't know or you don't remember, let me teach you or refresh your memory:

- They denied him.
- They abandoned him.
- The betrayed him.
- They beat him with clubs.
- They struck him with whips.
- They pounded him with their fists.
- They spit in his face.
- They laughed at him.
- They crowned him with thorns.
- They forced him to carry a shameful and damned cross.
- They laughed at his suffering.
- They insulted him.
- They nailed him to a cross.

- They gave him vinegar to drink.
- They threw a spear into his side.
- He was separated from his Father, when He carried your sins, my sins, everybody's sins.

And all in all, I strongly believe that it was not the nails that held Jesus to that cross, but His love for humanity (understand that humanity includes you and me).

Because it was love that sent Christ to the cross. When He approaches us, He does so with the idea that he will nail Himself to our hearts – not with nails, but with love.

"Look what they've done to him." You were saying? Just because somebody failed you, hurt you, betrayed you, etc. doesn't give you the right to surrender your life and that of your family to the bitterness and pain brought on by living with a person who is full of resentment, bitterness, vengeance, offenses, quarrels, bickering, etc.

But imagine everything they did to Jesus. They didn't have the right to do those things, especially if you take into account that He was the Son of God.

He had all the rights. He had the right to sentence everybody to death, but to the surprise of His own people and strangers: ***He declared life through his death.***

I think that unity begins when we destroy pride and all its disguises and costumes and we start imitating the example of our Lord Jesus.

Do you want to imitate Him? It's not that hard. He did three great things that we should imitate in order to destroy pride and restore unity and harmony in our lives and with those that surround us.

1. He did something great.

2. He offered a great sacrifice

3. He gave up a great right.

1. He did something great

He is God. He was God and He took the initiative and came to us. He looked for us. He was God and as His word says in:

> <u>Philippians 2:5-8</u>
>
> *Your attitude should be the same as that of Christ Jesus:*
>
> *Who being in very nature God, did not consider equality with God something to be grasped, but made himself nothing, taking the very nature of man, being made in human likeness.*
>
> *And being found in appearance as a man, he humbled himself and became obedient to death – even death on a cross!*

He was God and he "VOLUNTARILY" humbled himself. Nobody forced him! He took the very nature of man, being made in human likeness, and when He did this: *"he humbled himself."* This is truly great!!!

How strange it would be to see Jesus living in our times, where everyone seeks notoriety, to be exalted and approved.

And look at verse 8: "and became obedient to death - even death on a cross!"

He did not die just any way, but died on a cross. The meaning of death on a cross in those times was very different from its meaning in present days. Today it is considered a privilege. Superstitious people attribute powers to the cross that it does not have and give it a place of high honor.

In the times of Jesus, the cross was a shame. It represented damnation. The Jewish law said: *"He who dies on a cross is damned."*

Yes, you're thinking correctly. He was damned for you…and for me … to free us from damnation and give us a different life, where in unity with Him and with others, we can enjoy all the blessings that He created for us.

He definitely did something great.

At this moment, I am searching in my mind, among those people I know, to see if there is somebody who has done something great, so great as… *"humbling himself for the benefit of others,"* and to be sincere… I'm not doing that great.

How difficult it is to compare ourselves with Jesus. Every time I try to analyze it, I don't come out looking very good. You can ignore the words that follow if you want because they're not for you. They're for the Lord… *"Thanks for loving me in spite of everything. Help me to be a little more like You every day - this is my desire, what I yearn for."*

Going back to our subject, it is so hard for us to lower and humble ourselves, to let go of our pride and admit that we have needs, that we make mistakes and that we cannot do it alone.

How much damage has pride caused in our lives? Jesus, being God Himself, humbled Himself. There are some men who, with all their pride, will end up like some four-legged animals: "Unless they are thrown, or fall, they will not look up."

Jesus humbled Himself and for this God exalted Him to the highest and gave Him a name that is above all names.

I want to finish this point with some words taken from the Bible. I hope and wish that they stay sealed in your heart and in your mind. **"A man's pride brings him low, but a man of lowly spirit gains honor."**

2- He offered a great sacrifice.

I believe that the biggest sacrifice someone can make is to give up something for someone else. Christ gave everything for us.

While I understand the sacrifice Christ made in a deep way, I believe that our human minds will never be able to understand it completely. If you have time and have a Bible, you should read

Isaiah 53. This passage will help you understand His sacrifice a little bit more.

It was a true sacrifice. What really angers me is when someone who has just heard about the death of Christ takes it lightly, feels sorry for Him and the way He had to live, as if Christ had to do something for him. Only feeling sorry does not seem to say He is worthy. But in reality Christ is worthy of all worship and praise, of exaltation and gratitude. We cannot fall into the trap of minimizing the sacrifice of Christ.

Let me tell you a little bit about my life. As you may already know, I am Argetinian. My manner of speaking has been influenced by the nine years I spent in Colombia. I write just like I speak. I mix up the verb tenses. I have asked the editorial staff at Vida to tolerate me because this is who I am.

I was saying that I am an Argentinian. Argentinians, like any other nationality, have good traits and bad traits. Some, even though you may not believe this, are very good.

Why do I say this? You need to know this in order to understand what is coming.

Argentinians have always felt good about themselves. This is a nice way to say that we are proud – even though that is a word I don't like very much. We believe that we are honest. Lies and hypocrisy aren't a part of who we are.

With Argentinians, you know what you are getting. We will stab you in the back.

Many times, we fall on the other side and we say we are sincere. We believe that sincerity means that we say everything that we think. This is not sincerity – it is rude. Sincerity is telling the truth, not necessarily saying everything that you think. It is telling the truth at the right time, with the right words, in front of the right people. This definition will make what I am about to say 100% effective.

I've heard friends of mine speak great truths, sometimes ones that nobody dares to say, but they say them at the wrong place and at the wrong time. The impact of that truth is only 30% effective compared to what it would have been if it were used properly.

- *Wait a second, Silvano! What does this have to do with the crucifixion and the great sacrifice that Jesus made for us?*

It has a lot to do with it. When I used to play on the soccer team "Independiente de Medellin," (in Colombia they refer to this team as the "the powerful team from the mountain") in Colombia, a team and city which I love, I remember that I was living surrounded by temptations of all types. There were good temptations, too, because the devil doesn't tempt you with ugly, unpleasant things (Just as in Eden). I didn't yield to temptation for one reason. Five months earlier I had given my life and heart to Jesus, accepting Him as my Lord and Savior. For some reason, which I now understand but didn't at that moment, I analyzed the sacrifice of Jesus and was impressed. It was not because of what He had done, because I had been taught that since I was small. What impacted my life was the conclusion I reached that: *"He had done it for me."* If I would've been the only sinner on earth, he would have done it anyway."

When I was tempted, I would think: *"Lord, if You did all this for me, I can't fail You. I can't be so wretched and false as to fail you."* From then on "the decision was easy."

I couldn't betray Jesus. If I fell into temptation, it would be like stabbing Him in the back. That kind of behavior was not my style in my old way of life (before knowing Jesus) and it is definitely not now either.

"He sacrificed himself for me. I can't be so wretched as to fail Him." That was and is what echoes in my mind when I'm confronted with temptation. From then on, the decision was easy.

That's why I encourage you not to minimize or ignore Jesus' sacrifice and never forget that *"He did it for you."*

Why don't we offer a great sacrifice to the Lord? Let's crucify our pride and our ego and accept what He did for us. By ourselves we could never have made it to Him. We also cannot live in harmony and unity without Him.

3- He gave up a great right

He was God. He had all the rights. Sometimes it seems like we forget who He is.

He had the right to say to those who were torturing him: "Stop!" and they would have obeyed.

He had the right to say to those who were making fun of him, when he was nailed to the cross: "In three days we'll talk face to face!" However, the incomprehensible happened. He spoke... not to demand His rights but *"to lift up a prayer for them."* Incredible, isn't it? He prayed *for* them!

He had all the rights in the Garden of Gethsemane to ask His Father for an army of angels to save Him from being arrested. He could have done it, but He didn't.

He did not have to remain in silence while He was accused by Pilate, Herod and the high priest, but He did.

He had the right to defend himself before all the false accusations, but He didn't.

He had the right to respond, but He didn't.

He had the right to yell, to insult, to argue, to fight, to threaten, to get revenge after the resurrection, but he did not.

He had the right to quit and not give up His life for this type of people...but he did not do it.

As all this goes through my mind, I ask myself again and again: *Doesn't the same thing happen to you?*

When I analyze the lives of many people who are not willing to give up such a great right, like the right to argue, fight, yell, threaten, I see how pride, the heart of the devil, is still causing destruction among people, families, churches, neighborhoods, countries and the world.

Unfortunately, we live surrounded by people who are not open to receiving the love and example of the Lord Jesus.

They are not willing to *"do something great."* For example, to take the first step, take the initiative to go look for a brother, a friend or a family member who has been offended and ask forgiveness, give them a hug, reestablish unity and receive all the blessings promised by God.

Yes!! Take the first step. Take the initiative to do something great. Jesus did it and He says that we should and can do it also.

We live surrounded by people who do not want to do it. It's not that they cannot "*offer a great sacrifice*," like crucifying their ego, their pride, sacrificing the "*what will they think about me*" mindset. These are three great monsters that are still today devouring marriages, families and friendships, ruining relationships and closing the doors to reconciliation.

We are surrounded by a multitude of people who agree with everything that this book says but who, when the time comes, do not put it into practice. Why do they agree with it, but are not willing to "*give up a great right*?"

They agree, but they're not willing to give up the right of fighting to defend themselves, to get revenge, to disagree or to argue until the bitter end.

And not only are they not willing to give up any rights, they are waiting for "*somebody else to do it.*"

Why me? Let him. Let him kneel down. Let him humble himself. Let him lower himself first. (Watch out! Don't forget the example of the Lord Jesus Christ.)

With these last thoughts in mind, I invite you to enter into the last part of this book, where we'll see the remedy, the cure, the solution for division. "*It's revolutionary.*" It's about… **forgiveness.**

-"*What? Silvano, I was expecting a new revelation, something a little bit more… original. You say "forgiveness." Eeverybody talks about forgiveness. This subject is already burned out. Can you please explain? What is revolutionary about… forgiveness?*"

Forgiveness is not only revolutionary, it's extremely revolutionary. Why? Because every time it appears on the scene, it transforms things. For example:

It produces healing... where there were wounds.
It produces peace.... where there was tension.
It produces love... where there was hate.
It produces union..... where there was discord.
It produces blessing... where there was condemnation.
It produces life........ where there was death.

In present times, it is forgiveness that makes us more like Christ Jesus. Everything it produces is good. It's just as revolutionary to the Lord, even more so, because forgiveness is a gift that comes from Him.

Forgiveness is so revolutionary that it seems difficult to understand why people do so little of it.

Maybe understanding the revolutionary character of Jesus will help you want to imitate Him. I would love for you to imitate Him. You don't know how much this world needs revolutionary people to do what other people do not do, to do things that produce blessing and life. This world really needs revolutionary people!... People who simply... imitate Jesus!

JESUS WAS A REVOLUTIONARY

Jesus was a revolutionary. I'm only going to give you two very specific examples:

1st Case: The adulterous woman

> *John 8:3-11*
>
> *The teachers of the law and the Pharisees brought in a woman caught in adultery. They made her stand before the group and said to Jesus, "Teacher, this woman was caught in the act of adultery.*
>
> *In the law Moses commanded us to stone such women. Now what do you say?*
>
> *They were using this question as a trap, in order to*

have a basis for accusing him. But Jesus bent down and started to write on the ground with his finger.

When they kept on questioning him, he straightened up and said to them, "If any of you is without sin, let him be the first to throw a stone at her."

Again he stooped down and wrote on the ground.

At this, those who heard began to go away one at a time, the older ones first, until only Jesus was left, with the woman still standing there.

Jesus straightened up and asked her, "Woman where are they? Has no one condemned you?"

"No one, sir," she said. "Then neither do I condemn you," Jesus declared. "Go now and leave your life of sin."

"Hey, Jesus!!! That's not right! That may be the way things work in heaven but not down here! Down here we do what the majority says."

You know that's right. That's why I believe that you have to be brave to be a Christian. Following Jesus will sometimes lead you against the current. Other times it will lead you to Gethsemane. Other times he will lead you straight to the storm and other times will lead you straight to the cross. At all times He will be with you and your life will reflect the difference. It will have an impact, just as Jesus' life did when He was here on the earth.

He was a revolutionary. He did things that nobody else would dare to do. I love that! I love imagining the faces of those who had rocks in their hands. What humiliation! What fools they made of themselves in front of the people. I can imagine the comments on the next day. *"What a guy, that Jesus! With a few words He left us unarmed and made us see things a different way. Without a doubt it would be interesting to hear Him again."*

2nd Case: The leper

Matthew 8:1-4

When he came down from the mountainside, large crowds followed him.

A man with leprosy came and knelt before him and said, "Lord, if you are willing, you can make me clean."

Jesus reached out his hand and touched the man. "I am willing," he said. "Be clean!" Immediately he was cured of his leprosy.

Then Jesus said to him, "See that you don't tell anyone. But go, show yourself to the priest and offer the gift Moses commanded, as a testimony to them."

I want you to carefully analyze these events.

Jesus was coming down the mountainside and large crowds followed him. Everything was normal, everybody was happy. They had just heard an incredible sermon (the famous Sermon on the Mount), and all of a sudden everything normal, the happiness of the moment, was interrupted by the appearance of possibly the most despised type of person at that time: "*the leper.*"

I can't imagine the tension, how nervous the people were, the looks of distaste on their faces, the hands looking for rocks to throw at this poor leper who was "out of place," because that was not exactly where he should have been.

He was not allowed to be where there were other people who were ("*apparently*") healthy. He was surrounded by faces of disapproval and rejection, but it seems that he didn't care about this. I would even say that he didn't see them.

His appearance wasn't an accident. He knew what he was doing! Without losing any time, he knelt down on his knees before Jesus. Wow! What a moment!

I can even hear the thoughts of most of the people who were surrounding Jesus:

Jesus died to reestablish unity

- *No Jesus! Don't you dare do something strange.*
- *Throw him out. Tell him to leave.*
- *Get him out of here fast. Don't let him touch anybody!*
- *Please, Jesus, remember that leprosy is mortally contagious! (**just like division and bitterness**).*
- *Watch out, Jesus! You're not supposed to listen to lepers. You're to ignore and avoid them (**just like those who cause division**).*
- *Jesus? Jesus? Jesus? Oh no! What are you about to do? Are you talking to him!*

Everybody was amazed.
- *Oh no! What is He about to do? No, No, No, Nooo! Yes!!! **He touched him!!!** Did you see that? How could He have done something like that?*

That's how I imagine this event, and we all know how it ended. The leprosy disappeared. I still have one last question, a question which perhaps lingers in all of our minds:

"How could he have done something like that?"

That is the question I ask myself, the question that captivates me, that moves me, that makes me fall in love. In the leper, I see my life before I was touched by Him. Nobody cared at all about my spiritual life and He gave me everything, even more. He listened to me. He touched me! How could He have done something like that?

Yes, He touched me! He chose me! He didn't judge me! He didn't throw rocks at me! He didn't avoid me! He only embraced me and loved me! Even today I can feel His arms around me and His infinite love. "How could He have done something like that?"

He did not judge. He did not throw rocks at the adulterous woman.

He did not judge. He did not throw rocks at the leper.

He did not judge. He did not throw rocks at the prostitute.

- He was a revolutionary. He went against the religious current, which was more focused on keeping the structure than on loving.
- He went against the current and ate with thieves and con artists.
- He went against the current and spoke against those who were apparently devout even though they didn't even know the true meaning of devoutness.
- He went against the current and gave the Roman centurion what he asked for.
- He went against the current and healed a mother-in-law (that surely is revolutionary).
- He went against the current and chose a treacherous tax collector as one of His disciples.
- He went against the current and healed on the Sabbath.
- *He went against the current and forgave those who denied Him.*
- *He went against the current and forgave the assassin.*
- *He went against the current and forgave those who abandoned Him.*
- *He went against the current and forgave those who laughed at Him. He forgave those who gave Him vinegar to drink. He forgave those who stole His clothes. He forgave those who killed Him.*
- *He was a revolutionary and went against the current. He forgave me...* **He forgave you!** *How could He have done something like that?*

How could He, through His sacrifice, provide so much forgiveness, so much love? It seems like it grows as time passes by.

How could He have done something like that? I keep thinking about the times that maybe, with some action, I might have gotten the same response from somebody regarding myself.

I remember during my first season as a profesional soccer player, playing on the team Argentina Juniors, I had the privilege of playing with Diego A. Maradona. To me, he was the best player who has ever existed. Really, I don't know if God will ever make another one like him, because I'm sure that God created Diego and He gave him that talent. I'm sure that God has a purpose for his life, just as He does for you and me.

I remember that in each training session and game, he would hear, not only from me, but also from many, the exclamation: "How could he have done that?" He would do things with the ball that we couldn't even do in our dreams.

But Diego earned another type of admiration from me. At other moments, I saw what few people noticed. I saw his love for his family and his loyalty to his teammates. Because he was paid well and didn't have to worry about that, he would fight for our common cause. That's what I saw from my point of view. I was barely 17 years old and starting my soccer career. His example marked my life and my leadership style forever, and of course I thought: *"He didn't have to do it, but... he did."* (Thanks, Dieguito. God knows how much I appreciate you. I want to give you a huge hug.)

Since we're talking about soccer, let me tell you about another experience in which maybe I was able to get that sort of admiration from another person.

This guy had been my coach when I was playing for the team, "Millonarios De Colombia." Jorge Luis Pinto was his name although they called him El Profe *(the Spanish equivalent for The Teacher)*.

With him we had what you might call a heated discussion. It happened in 1984. I had just arrived as a youngster in Colombia. I had played with Diego Maradona, been the captain of the Juvenile Selection of Argentina, been on the Selection with Carlos Bilardo (a great guy), and El Profe, only 32 years old, was taking charge of his first team after having prepared himself in Germany.

Maybe my untamed character, my Argentine sincerity (which in reality isn't sincerity but rudeness), my pride and my arrogance clashed with his lack of experience as an instructor. It was obvious that he was lacking things, although he had more than enough knowledge and personality. I think that today if he isn't the best coach in Colombia, he's surely within the top three. While we had some tough problems, I believe that both of us were a little bit proud (A *little* Silvano?; Hey, leave my story alone) and there was never reconciliation, forgiveness or anything like it.

In 1987, I was playing on the team "Independiente de Medellin" (go, *"Millos,"* go) and Jorge Luis Pinto, El Profe, was coaching the team Santa Fe in Bogotá, Colombia. At the time, I had been a Christian for about eight months. My life had been touched and changed, like the life of the leper. We had our first encounter against Santa Fe in Bogotá. The entire week before the game I felt the burden in my heart to ask for forgiveness from El Profe and that's what I did.

We arrived early that Sunday at the stadium, Nemesio Camacho at El Campin. I left my bag in the locker room and started down the hall, heading towards the locker room of Santa Fe. When I was halfway there, I saw El Profe coming out of the locker room. I went straight to him, intercepting him in the middle of the hall. I faced him and I don't know what he thought, or what the people that were around us were thinking. I didn't care. I was just like the leper. I needed forgiveness. I stopped him and I asked for forgiveness.

"Profe, the only thing I want to ask is that you forgive me. Really, please forgive me for everything that I did to you." I stretched out my hand. He wasn't looking at me. He waited about five long seconds, (five seconds, in the middle of a hallway in a soccer stadium for two stars is a long time) to give me his hand. I saw a strange brightness in his eyes (*were those tears in the eyes of El Profe?*). I have always thought it was. How fantastic!

Well, that was it. I turned around and I returned to my locker room with a feeling of victory, with a strange sensation. I had done something that hardly anybody does.

I was happy and I didn't even wait for El Profe to ask me for forgiveness, thinking: "Well, now it's your turn."

Forgiveness is not a problem between two people. It's a problem between one person and God. When I forgive or ask for forgiveness, I free myself. I make things right between God and myself. The heavens open up over my life again.

There are lots of people who don't understand this. They don't forgive because they think they're doing the other person a favor. They say: *"Why do I have to ask for forgiveness. He offended me, too? He did it first, therefore he doesn't deserve forgiveness from me."*

Look, when you forgive or ask for forgiveness, the one who wins is you.

El Profe and I never spoke again. We saw each other a few times and I had the feeling that I was seeing a friend who really appreciated me, who in his own way, with kindness and acceptance, was telling me that between us unity had been reestablished.

"Thanks, Profe, for playing a role in my development as a person and for having participated in different eras of my life. You can surely say: 'I knew him before and after he became a Christian.'"

I truly hope that the thought: "How could he have done something like that?" might have passed through his mind. His actions afterwards made me suspect that's what happened. Thanks for everything and we will surely meet again.

Through events like these, I have seen in my own life the restorative power of forgiveness. Forgiveness heals; forgiveness restores; forgiveness reconciles; forgiveness unites; *"forgiveness does what nothing or no one else can do."* That's why forgiveness is revolutionary, necessary, vital and urgent.

Forgiving isn't forgetting. Sometimes we make the mistake of thinking that since we haven't seen the person we had a problem with again, it means that we forgave him. Watch out! Because at any moment you may see that person and the result may be a worse wound and corresponding emotional deception. It's like starting all over again with the same problem, but now it's bigger.

Forgiving isn't forgetting. Sometimes when we forgive we may forget, but believe me, when you really forgive in your heart, you're not going to care whether you forget.

Sometimes we wonder if we have really forgiven somebody because when we see them again, the pain and the uneasiness appears again. The presence of pain does not necessarily mean that we have "not forgiven." There are lots of people who forgive but their emotions have not healed. I must face the pain of the offense with the help of God and let the Lord heal my emotions.

To forgive is for the brave. I'm not saying that it's the easiest thing to do, but I've always been moved by how radical God is regarding this point. For example, let's look at the following Scripture:

Matthew 6 14-15

For if you forgive men when they sin against you, your heavenly Father will also forgive you.

But if you do not forgive men their sins, your Father will not forgive your sins.

God does not leave us any choice. Does He want to humiliate me? No! He simply knows how damaging division is. He assumes His role as Father and does just as we do with our children. When they're sick we want them to take the medicine, because we suffer too much when they are sick. God is the same. He wants us to forgive so we that we can enjoy healthy families, friendships, marriages and relationships between fathers and sons. God loves to see us happy. Don't believe the contrary, not even for a second.

- *"OK, Silvano! I want the medicine. I want all this, but isn't there any way to make it easier, or better said? How can I do it?*

Well, there is one way. I don't know if it is easy, but I also know that it's not that hard. I've seen excellent results. God has given me a practical way to forgive. It's not a method. It is just a practical way of doing it.

It's composed of three points:

1. DECISION.
2. ACTION.
3. TRUE FEELING.

1. Decision

To forgive is a decision. It is an option. I choose to forgive and be free or not to forgive and suffer.

To forgive is a decision that I must make with my will. I can't make it with my feelings or with my mind, since these fluctuate, change and, as such, are not reliable.

Today I feel one thing, tomorrow another. Today I think one thing, tomorrow another. This happens often. We cannot feel bad about this. We must simply accept the fact that most of the time when we make mistakes, it's because we let our feelings or thoughts guide us and these are constantly under attack and changing.

I'm going to forgive him when I feel like it. You're never going to feel like forgiving, especially if it was a serious offense.

Now we have a problem. God doesn't say, "It's OK to do it when you feel like doing it." No, No. He says, "You have to do it."

Here we can see manifested, possibly, the greatest battle a person has to deal with: *whether to live by feelings or to live by principles.*

The world is going to push you to live by feelings, with the excuse that everybody else does it. The world does not like it when you are a revolutionary.

God expects you to live by principles. These principles are in His Word and they are never going to change. *"They are reliable."*

Have you ever heard anybody say about someone else, "He's a person of principles"? No one thinks about approaching this person with an indecent proposal because they know things are going to end badly. They know that person will refuse the proposal.

When I decide to forgive with my will, I do it to please God and I do it alone with God in prayer. That means I temporarily forget what I feel and what I think. Remember, these two are not reliable. Having done this, we continue to point 2.

2. Action

We have already made the decision. I have decided to forgive with my will, knowing that I'm leaving behind, temporarily, what I think and what I feel.

Now comes the action. I must act according to the decision I have made. I must go and look for the person who has offended me. (*Wait a second, Silvano! What do you mean I'm supposed to look for the person who offended me? Isn't he supposed to come and look for me?*) No way! Don't forget, you are doing something revolutionary, something that hardly **anybody** does. You're going to do something great. You're taking the initiative.

Let me give you an **example.** Let's say that we're partners at school and you hit my mother (a bit harsh, isn't it?). Our friends save your life. Obviously our friendship is finished and I'm no longer going to work with you at school. I was the smart person in this example.

Now. What do I do? I don't feel like forgiving you. I feel hate. I want revenge. I am constantly thinking about how you're going to pay for what you did.

One day I bump into God and He asks me:

- "How is your relationship with your friend?"
- Umm, not too great;
- *"You have to forgive him."*
- Okay, Lord, when I feel like it, I'll forgive him;
- *"I don't think you understood correctly. I cannot bless you until you forgive him."*
- "But, Lord, I didn't do anything. It was him."
- *"You're tied to him and the lack of forgiveness is sin."*
- What do I do?
- *"Make the decision to forgive with your will."*
- "OK, Lord, I already did it. Now what?"
- *"Now act according to the decision you've made. Do something great. Take the initiative and go."*

I go and look for my ex-friend. There's tension. My mind says, "Take advantage of this opportunity. He's right there nearby. Just grab him by the neck." I don't feel like forgiving. I feel the same hate that I had before making the decision to forgive, but I have made the decision with my will, not acknowledging what I feel and what I think.

I go up to him and say, "I want you to know that I've forgiven you (I've already done it with the Lord) and I wanted you to know that you can use my class notes and anything else you might need to study." I turn around and walk away.

I continue acting according to the decision I've allowed a few months go by. Final exams arrive. I see my ex-friend and I call out to him and say: *"Hey, here are my class notes., I think they might come in handy for the final exam."* All of a sudden I feel strange.

- *What have I just done? You gave him some notes?*
- *No, but it's not that... I gave them to him,*
- *Yes, that's what I just said....;*
- *No! There's something wrong... I did it without thinking, I wanted to do it! But I want to hate him, what happened?*

There's nothing you can do about it. You just got to point 3.

3. The True Feeling

There's nothing you can do about it. The true feeling has been born and there's no going back.

No matter how hard you try to remember what offended you so you can hate again, you can't remember. The true feeling has already been born. This does not go backwards. It only goes forward. It only grows. There's no way to stop it.

The true feelings are born from principles.

When we decide to live by principles and we put them into practice, they perfect our feelings.

When you put your feelings first, the principles are usually destroyed. This is manifested in the high rate of divorce that we see today. The principle, *"Until death do us part,"* has been reduced to the point that it is only a popular saying and is no longer, for many, the principle given by God for the stability of the family.

Remember three simple points that are not a method, but a practical way to live by principles. You find these in the Word of God. Some of these are: **love; forgive; obey; respect the authorities; honor your parents; speak the truth; respect life; etc.**

Any one of these principles can produce true feelings. Make the decision with your will, act on the decision and before you know it you will experience true feeling.

Believe me, it is possible to live a life of forgiveness, a life in unity and harmony.

To forgive is revolutionary because almost nobody does it. It's not common in today's world.

We don't hear or see different countries forgiving each other on radio or television. On the contrary, every time we hear of an alliance or partnership being organized, it is to declare war on others.

It is not what we usually see in families, among parents and children, among brothers, friends, churches or colleagues at work.

That is why I encourage you to become a revolutionary like Jesus. Nobody expects you to ask for forgiveness… Don't hide it from me! Tell me that you're attracted to the idea of surprising friends and strangers, being the first one to get up, not to demand rights but to ask for forgiveness or to forgive.

I want to end by giving you, perhaps the best definition of forgiveness that I have ever heard in my life. It was given by a blind man when he was asked what forgiveness was to him. After thinking for a few minutes, he responded with the following, which had a tremendous impact on my life: "*Forgiveness is the perfume that rises from a flower when it is crushed.*"

I hope that your life, through forgiveness, is giving off a fresh and pleasant fragrance and not the toxic, unpleasant and acrid aroma of division.

Why don't you courageously say: STOP to DIVISION, STOP to the pain, STOP to the wounds, STOP to the separation between you and the people you love, STOP to the ruin and destruction that comes with division. I assure you that there's an incredible and beautiful life waiting for you beyond forgiveness and unity.

Let's start today to stimulate others to say about us: "*How could he have done something like that?*" It happens when you implement the restoration of unity. And don't forget that God has promised to give His blessing and eternal life where there is harmony and unity. Wouldn't it be great if your home were the first place God pours out all His blessings.

Come on, say...**STOP TO DIVISION**...Bye.

Nos agradaría recibir noticias suyas.
Por favor, envíe sus comentarios sobre este libro
a la dirección que aparece a continuación.
Muchas gracias.

DEDICADOS A LA EXCELENCIA

ZONDERVAN

Editorial Vida
7500 NW 25 Street, Suite 239
Miami, Florida 33122

Vidapub.sales@zondervan.com
http://www.editorialvida.com